Steinkreuze,
Grenzsteine,
Wegweiser...

Kleindenkmale in
Baden-Württemberg

Dieter Kapff · Reinhard Wolf

*Herausgegeben vom
Schwäbischen Heimatbund*

Grußwort

Was bringt den Schwäbischen Heimatbund, der 1909 gegründet wurde, eigentlich dazu, sich für die Kleindenkmale einzusetzen? Die Vereinsziele, die seit damals gültig sind. Man habe sich in Württemberg um die Landeskultur ganz allgemein zu kümmern, haben unsere Altvordern verlangt, im Besonderen um die Landesgeschichte und um die gebaute Überlieferung und deren Erhalt, um den Denkmalschutz also. Dass es dabei nicht nur um Burgen und Schlösser, um Kirchen und Klöster, um Altstädte und technische Kulturdenkmale gehen kann, sollte unbestritten sein. Dieselbe Aufmerksamkeit verdienen die oft unscheinbaren Zeugnisse in Flur und Wald, die Sühnekreuze, Gedenksteine, die in katholischen Gegenden zahlreichen Feldkreuze und Heiligenbilder sowie nicht zuletzt die Grenzsteine. Eine Erhebung im Kreis Biberach hat mehr als zweitausend einschlägige Objekte ergeben.

Die Sorge um die kulturell bedeutsamen Kleindenkmale im Land, in denen sich der einfache Mann Denksteine gesetzt hat, und die nötigen Maßnahmen zu ihrer Kartierung und Erhaltung – sie bilden seit einiger Zeit einen Schwerpunkt in der Arbeit des Schwäbischen Heimatbundes. Veränderte Wirtschaftsformen in der Forst- und Landwirtschaft sowie eine gewandelte Einstellung der Einwohner zu „ihren" Zeugnissen haben dazu geführt, dass der Bestand an Kleindenkmalen von Jahr zu Jahr abnimmt. Was geschieht mit dem Markungsstein aus dem 18. Jahrhundert, den die moderne Messtechnik überflüssig gemacht hat? Er bleibt nur dann an Ort und Stelle, in seinem historischen Zusammenhang, wenn er kartiert ist, wenn möglichst viele wissen, wann und weshalb er gesetzt worden ist. Breit angelegte Denkmalpflege durch aktives Erfassen und bewussten Schutz – was den Bewohnern wichtig ist, das wollen sie weitergeben, möglichst unversehrt.

Der Schwäbische Heimatbund ist zusammen mit anderen heimatpflegerischen Verbänden in Verhandlungen mit dem Landesdenkmalamt, um eine landesweite, flächendeckende Erfassung aller Kleindenkmale voranzubringen. Dabei soll ein Kreis nach dem anderen bearbeitet werden, wobei nicht alle Objekte unter Denkmalschutz kommen, aber unter eine Art Bewusst-seinsschutz. Zugleich ist garantiert, dass dies keine amts- oder vereinsinterne Angelegenheit bleibt, sondern dass die interessierte Öffentlichkeit laufend unterrichtet wird, denn nur das, was der Bürger schätzt, das schützt er auch. Vorleistungen hat der Schwäbische Heimatbund erbracht in Form von Tagungen und einer Wanderausstellung. Dieses Buch mit seinem großartigen Überblick wird sicher das Seine dazu beitragen, den ehrgeizigen Plan voranzutreiben.

Amtliche und ehrenamtliche Kräfte müssen gebündelt werden um zum Ziel zu kommen. Wer sich für seine Heimat engagieren will, der kann sich hier – entsprechend seinen Möglichkeiten – gerne einbringen.

Martin Blümcke
Vorsitzender des
Schwäbischen Heimatbundes

Vorwort

Baden-Württemberg ist ein Land mit einem reichen Bestand an so genannten Kleindenkmalen, Objekten von einer großen Vielfalt bezüglich Material, Form und Bedeutungsinhalten, die jedoch Folgendes gemeinsam haben: Sie sind von Menschen geschaffen, besitzen geringe Abmessungen, stehen in der Regel frei und sind fest mit dem Erdboden verbunden. Häufig haben sie die Bedeutung von Kulturdenkmalen im Sinne des baden-württembergischen Denkmalschutzgesetzes. Kleindenkmale sind stark gefährdet. „Aus den Augen, aus dem Sinn" sagt ein Sprichwort – für manches Steinkreuz, manchen alten Wegweiser, Stundenstein oder Markungsgrenzstein trifft dies zu, seien sie von einem Brombeergestrüpp überwuchert, hinter einer Leitplanke eingewachsen, umgesunken, bei Bauarbeiten verschüttet oder zerstört. Die Erfahrung zeigt, dass immer wieder Kleindenkmale spurlos verschwinden, oft aus Unachtsamkeit oder Unkenntnis. Diese Kategorie von Kulturdenkmalen ins Bewusstsein zu rücken und damit vor dem Vergessen und Verschwinden zu bewahren, ist ein großes Anliegen der Denkmalpflege und des Denkmalschutzes.

Die Absicht dieser Publikation ist es, charakteristische Kleindenkmale unseres Landes in ihrer Vielgestaltigkeit, ihrer schlichten Schönheit und oft handwerklichen Kunstfertigkeit vorzustellen. Neben vielen anderen Naturschönheiten und kulturellen Besonderheiten gehören auch diese Denkmäler zum bewahrenswerten Kulturerbe unseres Landes. Sie gehören dazu, weil sie „Zeichen" in der Landschaft sind, weil sie Orte unverwechselbar prägen, weil sie Zeugnisse der Geschichte sind – sie „stiften Identität", wie man heute gern sagt. Im so genannten „Madonnenländchen" sind Bildstöcke so häufig, dass sie der Gegend den Namen gaben. Sie sind dort unveräußerliche Bestandteile der Dörfer und der Landschaft.

Das Landesdenkmalamt Baden-Württemberg ist auf den Schutz von Kleindenkmalen bedacht. Eine Behörde kann rechtlichen Schutz geben, „aufpassen" auf das Kulturgut aber müssen alle Bürgerinnen und Bürger.

Ein besonderes Verdienst dieses Buches ist, dass in ihm auch auf Steinriegel, Hohlwege, Straßenpflaster, und ebenso auf Hauszeichen, Hochwassermarken und anderes mehr hingewiesen wird – auf Geschichtszeugen unserer Kulturlandschaft also, die unsere Aufmerksamkeit verdienen, auch wenn sie nicht als Kleindenkmale anzusehen sind.

Dieses Buch, dem ich eine weite Verbreitung wünsche, wird dazu beitragen, die Kleindenkmale stärker ins Bewusstsein der Öffentlichkeit zu rücken und damit sicher zu ihrer Erhaltung beitragen.

Es ist mir besonders wichtig, beiden Autoren, Herrn Reinhard Wolf und Herrn Dieter Kapff, sehr herzlich für diese Publikation zu danken, die vom Schwäbischen Heimatbund herausgegeben und gefördert wird. Mit in den Dank einschließen möchte ich aber auch den Konrad Theiss Verlag, der mit der Herausgabe dieser Publikation einen weiteren wichtigen Beitrag zum Verständnis für ein Hauptanliegen der Denkmalpflege, nämlich die Erhaltung der wertvollen Geschichtszeugnisse in unserem Lande, leistet.

Prof. Dr. Dieter Planck
Präsident des Landesdenkmalamtes
Baden-Württemberg

Inhalt

Grußwort
S. 2

Vorwort
S. 4

Baden-Württemberg
im Überblick:
Eine Karte
S. 8

Einleitung:
Denk mal!
S. 9

Kleindenkmale
an Gewässern:
Es quillt, sprudelt,
fließt und strömt
S. 19

Kleindenkmale zu
Jagd und Wald:
Jäger und Gejagte
S. 37

Kleindenkmale zu
Landwirtschaft und
Weinbau:
Treppauf, treppab
S. 55

Kleindenkmale
und Religion:
Vom Glauben
und Aberglauben
S. 125

Kleindenkmale
an Wegen und
Straßen:
Von Ort zu Ort
S. 65

Kleindenkmale
im Zusammenhang
mit geschichtlichen
Ereignissen und
Personen:
Denkwürdiges in
Stein und Erz
S. 145

Kleindenkmale zu
Verwaltung, Recht
und Grenzen:
Alles was recht ist
S. 95

Kleindenkmale fin-
den und schützen:
Die Aktion
S. 169

Gemeinderegister
S. 174

Baden-Württemberg im Überblick

Main

Tauberbischofs-heim

Mannheim

Neckar-Odenwald-Kreis

Main-Tauber-Kreis

Heidel-berg

Mosbach

Rhein-Neckar-Kreis

Künzelsau

Kocher

Hohenlohe-kreis

Jagst

Heilbronn

Schwäbisch Hall

Rhein

Karlsruhe

Enzkreis

Ludwigs-burg

Rems-Murr-Kreis

Ostalbkreis

Pforzheim

Waiblingen

Rems

Aalen

Rastatt

Stuttgart

Esslingen

Baden-Baden

Calw

Böblingen

Göppingen

Heiden-heim

Murg

Neckar

Fils

Offen-burg

Freudenstadt

Tübingen

Reutlingen

Alb-Donau-Kreis

Ortenaukreis

Ulm

Kinzig

Zollernalb-kreis

Neckar

Donau

Emmendingen

Balingen

Iller

Schwarzwald-Baar-Kreis

Rottweil

Freiburg

Villingen-Schwenningen

Sigmaringen

Biberach

Donau

Tuttlingen

Breisgau-Hochschwarzwald

Bodensee-kreis

Ravensburg

Konstanz

Friedrichs-hafen

Lörrach

Waldshut-Tiengen

0   25   50 km

*Wenn sich der Name des Landkreises von dem der Kreisstadt unterscheidet,
wird in der Karte zusätzlich die offizielle Landkreisbezeichnung angegeben.*

Denk mal!

Definition und Bedeutung

Was sind eigentlich Kleindenkmale?

Was ein Denkmal ist, glaubt jeder zu wissen: Man denkt an ein Grabdenkmal, ein Baudenkmal, ein Kriegerdenkmal. Was aber ist ein Kleindenkmal? Ein Feldkreuz, ein Grenzstein mit Wappen und Jahreszahl, ein Denkstein, gesetzt aus Anlass eines Verkehrsunfalls – und was sonst noch?

Auf über hundert Arten von Kleindenkmalen sind die Verfasser bei ihren Spaziergängen, Wanderungen und Fahrten durch Feldfluren, Wälder, Dörfer und Städte gestoßen. Dabei sind sie in manchen Gegenden über Kleindenkmale nur so gestolpert, andere wiederum fanden sie mehr oder weniger fundleer vor. Was ihnen im Lauf der Jahre an Schönem und Interessantem vor die Fotolinse kam, haben sie in diesem Buch in einer Auswahl von rund 180 Beispielen zusammengestellt.

Viele Kleindenkmale stehen an Wegen und Straßen, dort, wo sie von Vorübergehenden gut gesehen werden. Man findet sie freilich eher an alten Wegen als an neuen Straßen. Doch auch hier können sie – vielleicht etwas versetzt – den Straßenaus- oder neubau überlebt haben, wenn jemand etwas für Kleindenkmale übrig hatte und Mühen und manchmal vielleicht auch Ärger auf sich genommen hat, um sie zu erhalten. Natürlich kann man auch an anderen Orten, sei es an Gebäuden oder auch mitten in Wald, Feld und Flur, unvermittelt auf Kleindenkmale stoßen – man braucht nur die Augen offen zu halten!

Der Begriff Kleindenkmal ist nicht festgelegt und einheitlich definiert. Im Allgemeinen werden darunter ortsfeste,

Ortsfest, frei stehend, klein und von Menschenhand geschaffen – auf diesen prachtvollen Bildstock beim Neuhof oberhalb Kloster Schöntal (Hohenlohekreis) treffen alle Kriterien der üblichen Definition eines Kleindenkmals zu.

S. 9: Uralter Bildstock beim Gehöft Finken westlich von Kißlegg (Landkreis Ravensburg).

frei stehende, kleine, von Menschenhand geschaffene Gebilde aus Stein, Metall oder Holz verstanden. Sie sollen so klein sein, dass sie nicht begehbar sind. Eine gewisse handwerkliche Bearbeitung sollte sichtbar sein. Kleindenkmale sind oft Zeugnisse vom Wirtschaften und Schaffen unserer Vorfahren. Naturdenkmale gehören nicht dazu, ebenso wenig größere Baudenkmale.

Man kann unterscheiden zwischen Kleindenkmalen, die für einen bestimm-

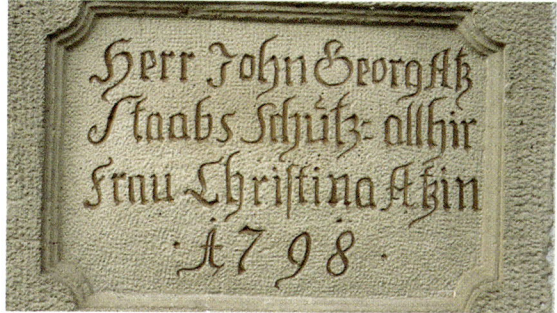

Oben: Ein Kleindenkmal? Wir sind der Meinung: ja. Steinriegel wie dieser bei Haßmersheim-Hochhausen (Neckar-Odenwald-Kreis) sind zweifelsohne ein Sicherinnern an die kolossale Leistung unserer Vorfahren wert. Das Absammeln der Muschelkalkscherben aus den Parzellen war zur Bewirtschaftung erforderlich, das Aufhäufen entlang der Grundstücksgrenzen ließ solch mächtige Steinriegel entstehen.

Links: Dieses Kleindenkmal an einer Hauswand machte sowohl Hausnummer als auch Klingelschild überflüssig. Die Hausinschrift sagt klar und deutlich, wer hier wohnte und welchen Beruf er hat(te?). Ob Herr Atz den Stein bei einem Umzug wohl mitgenommen hätte? (Oberstenfeld-Gronau, Landkreis Ludwigsburg)

ten Zweck gebaut oder aufgestellt und in irgendeiner Art und Weise genutzt wurden (oder noch genutzt werden), und Kleindenkmalen, die – ihrer Bezeichnung entsprechend – zu denken geben sollen. Das Nachdenken oder Sicherinnern gilt dabei in erster Linie besonderen Begebenheiten oder Personen.

In diesem Buch soll der Begriff Kleindenkmal im weitesten Sinn verstanden werden. Im Kernbereich herrscht zwar Einigkeit, aber in Randbereichen weichen die Meinungen voneinander ab. Es gibt auch fließende Übergänge zwischen Kleindenkmalen, reinen Gebrauchsgegenständen und Kitsch. Die oben genannten Begriffe

frei stehend und *klein* werden in diesem Buch sehr weit ausgelegt. Hin und wieder trifft eines der Merkmale auch nicht zu.

Ortsfest sind die Kleindenkmale zwar alle, aber wie *klein* müssen sie sein? Sind Hohlwege, ein Aquädukt und Pürschgänge schon zu groß? Müssen meterlange Wagenspuren und eine Wengertermauer ausgeschlossen bleiben? Scheiden Brunnenstuben und

Feldschützenhäuschen aus, bloß weil sie begehbar sind und damit einer früheren Definition nicht voll entsprechen? Werden sie, die zweifellos Denkmalcharakter besitzen, schon unter anderen Denkmalkategorien erfasst und gebührend behandelt?

Und was heißt *frei stehend?* Eine Hochwassermarke, ein Neidkopf und ein Hauszeichen stehen nicht frei, sondern sind an einem Gebäude ange-

Kaum ein anderes Motiv könnte das Sprichwort „Aus den Augen, aus dem Sinn" besser illustrieren als dieses. Die brutale Werbetafel lässt das Kleindenkmal dahinter vergessen. (Freitagshof, Stadt Wernau, Landkreis Esslingen)

bracht. Sie gehören aber nicht notwendigerweise zu einem Haus wie eine Tür oder ein Fenster, können also durchaus als selbstständige Objekte betrachtet werden. Sie sind kein Zubehör nach amtlicher Diktion. Sie haben keine Zierfunktion, jedenfalls nicht in erster Linie; sie sind in der Regel kein Gegenstand der Kunstgeschichte. Überhaupt muss ein Kleindenkmal keine künstlerische Qualität aufweisen, ebenso wenig ein besonders hohes Alter. Es gibt auch sehr junge Kleindenkmale.

Geländedenkmale wie etwa Hohlwege sollen einbezogen werden, ebenso Kleindenkmale als Bestandteil größerer

Objekte, wie Neidköpfe oder Gedenktafeln an Gebäuden. Freilich ist nicht jeder Steinbrocken und Blumenkübel in einem Vorgarten, nicht jedes Namensschild an einer Mauer gleich ein Kleindenkmal. Im einen oder anderen Fall wird der Leser die Einstufung eines Gegenstands als Kleindenkmal vielleicht nicht teilen. Die Autoren sind für Kritik und Anregungen offen.

Viel wichtiger als die manchmal akademisch anmutenden Definitionsfragen ist uns die Bedeutung der Kleindenkmale. Sie erzählen Geschichte, allerdings weniger die, die in den Geschichtsbüchern nachzulesen ist. Sie beleuchten eher Aspekte des Alltagslebens unserer Vorfahren – manchmal sehr individuelle, oft aber ganz allgemeine. Es sind kleine Stücke aus der Kulturgeschichte. Die Kleindenkmale berichten über längst vergangene Rechtsverhältnisse, über die man aus keiner anderen Quelle etwas erfahren kann, über die harte Arbeit und das karge Leben, über die gesellschaftlichen Verhältnisse und die Glaubenswelt vergangener Zeiten. Einzelne Personen, auch Tiere, glückliche und verhängnisvolle Ereignisse werden durch sie wieder lebendig, technische Glanztaten und bewegende Erlebnisse ins Gedächtnis gerufen. Die Kleindenkmale sind stumme Zeugen, die man zum Sprechen bringen kann und die dann erstaunlich viel zu erzählen haben.

Reizvoll ist der Vergleich des Gestern mit dem Heute. Die oft unscheinbaren Kleindenkmale ermöglichen uns, das Eigene im ganz anderen, zeitlich Fernen zu erkennen. Aber sie vermitteln uns auch die gegenteilige Einsicht, dass sich vieles verändert hat. Was den

Menschen damals wichtig war, lässt uns heute manchmal gleichgültig. Interessant bleibt es freilich allemal, den keineswegs immer geradlinigen Weg zu verfolgen, der in die Gegenwart führte. Heute, da die Welt schnelllebig geworden ist, da Wechsel rascher erfolgen und der gesellschaftliche Wandel

gründlicher ausfällt, ist es gut, Fixpunkte und Merk-Male für die Zwischenstationen zu bewahren.

Kleindenkmale im besiedelten Bereich sowie in Wald und Flur sind bedeutsame Bestandteile der Kulturlandschaft. Sie können, wo sie gehäuft auftreten, den Charakter einer Gegend mitbestimmen und sogar namengebend sein wie im „Madonnenländchen". Umso schwerer wiegt der Verlust oder die Beeinträchtigung der Kleindenkmale. Die Landschaft büßt dann an Reiz ein, an „Identifikationswert", wie die Frem-

Zwischengelagerte behauene Sandsteine in einer Obstbaumwiese. Wo sie wohl herstammen; was wohl aus ihnen gemacht wird? (Erligheim, Landkreis Ludwigsburg)

Ein umgesunkener Grenzstein mit altem Wappen der Reichsstadt Hall. Bald wird er vollends liegen, mit Moos überwachsen und in Vergessenheit geraten. (Michelfeld, Landkreis Schwäbisch Hall, Aufnahme 1984)

denverkehrsmanager sagen würden. Interessant ist die Beobachtung, dass Einheimische von Kleindenkmalen oft keine Notiz nehmen, dass aber Fremde durchaus ein Auge dafür haben. So werden Kleindenkmale nicht selten in Fremdenverkehrsprospekten abgebildet und als Werbemittel eingesetzt, was ihre Bedeutung als wertbestimmende Elemente unterstreicht.

STEINZERSTÖRUNG

Flechten, Moose, Feuchtigkeit und Abgase: Nichts hält ewig ...

Wie vieles andere altern auch Kleindenkmale: Rost nagt an eisernen Wegweisern, Holzpfosten faulen, Schriftzüge an Denksteinen verlieren Farbe, Sandstein zerbröselt. Wenn Kleindenkmale nicht regelmäßig kontrolliert und instand gehalten werden, ist ihre Pracht oft schnell dahin. Farbe lässt sich wieder anbringen, Holz gegen Fäulnis schützen, bei steinernen Denkmalen allerdings ist die Erhaltung schwieriger. Sandsteine, aus denen die allermeisten Kleindenkmale gearbeitet sind, haben ganz unterschiedliche Haltbarkeit, gleichgültig, ob es sich um Lettenkeuper-, Schilf- oder Stubensandstein – die drei Sandsteine der Keuperschichten – oder aber um Buntsandstein handelt. Nur Fachleute mit viel Erfahrung können den Quarz- und den Bindemittelanteil sowie die Härte richtig beurteilen. Wiewohl aus demselben Bruch stammend, können Sandsteine eine ganz unterschiedliche Widerstandsfähigkeit gegen Witterungseinflüsse haben: Da gibt es Steine, die trotz Flechten und Moos noch nach Jahrzehnten keinen Makel haben, und andere, aus einer anderen Lage, die schon nach kurzer Zeit Anzeichen der Verwitterung zeigen. Meist beginnt sie mit einem harmlosen „Grünschleier" aus Algen, manchmal kommen Flechten und Moos hinzu. Sie bewirken, dass die Steine nach Regen und Schneefall nicht mehr so schnell abtrocknen – der Zerstörungsprozess beginnt! Feuchtigkeit dringt in die oberflächennahen Schichten ein und löst das kieselige Bindemittel, die Oberfläche beginnt „abzusanden". Autoabgase und schwefelhaltige Luft tun ein Übriges. Reliefdarstellungen und Schriftzüge verlieren ihre Konturen und verändern sich im Lauf der Jahre bis zur Unkenntlichkeit. Bei Frost platzen handtellergroße Platten ab, Risse bilden sich – das Zerstörungswerk schreitet fort.

Doch bei Reparaturarbeiten ist Vorsicht geboten: Steinsanierung und Steinreparatur sind eine Sache für Fachleute! Keinesfalls sollte man Steine mit Lacken oder Lasuren vor der Verwitterung zu schützen versuchen, so wie man Metall mit Rostschutzfarbe streicht! Durch Versiegelung der Oberfläche geht die Zerstörung in tieferen Schichten oft umso schneller vor sich. Manches Kleindenkmal ist schon durch falsche Steinbehandlung endgültig zerstört worden.

Zahlreiche Kleindenkmale fristen ein Schattendasein: Sie sind vorhanden, sind eine Selbstverständlichkeit und werden gerade deshalb nicht zur Kenntnis genommen. Erst wenn ein Kleindenkmal fehlt, wenn es abhanden kommt oder zerstört wird, fällt es – so merkwürdig das klingt – auch dem Einheimischen ins Auge. Aber dann ist es zu spät. Dann fehlt wieder ein Stück heimischer Vergangenheit, ist die Lebensumwelt wieder etwas ärmer geworden. Manchmal kommt es aber auch vor, dass Kleindenkmale verschwinden, und niemandem fällt es auf: „Aus den Augen, aus dem Sinn", heißt ein Sprichwort. Viele Kleindenkmale geraten in Vergessenheit, weil sie heute keinem Zweck mehr dienen oder keine Aussagekraft mehr haben. Auch ist hin und wieder ein schadhafter Zustand der Anlass für die Entfernung des Kleindenkmals, weil eine sachgerechte Renovierung zu teuer, zu umständlich oder zu schwierig wäre.

Kleindenkmale sind im Grunde genommen immer gefährdet, und dies nicht nur durch Alterungsprozesse, durch Wind und Wetter: Beschädigungen und Verluste aufgrund von Unkenntnis oder Gedankenlosigkeit bei Bauarbeiten sind ebenso Gefährdungsursachen wie der Diebstahl. Durch Letzteren kommen insbesondere schön gestaltete Grenzsteine, Sühnekreuze, Wegweiser und Schrifttafeln abhanden.

Gedankenlosigkeit und Unkenntnis sind Hauptgefährdungsursachen. Wer nicht weiß, dass er ein Kleindenkmal vor sich hat, wer dessen Sinn nicht kennt und erkennt, wer nicht ahnt, was es einst bedeutete und warum es entstand, der sieht auch keinen Grund, sorgfältig damit umzugehen. Dieses Buch will dem achtlos Vorübergehenden an Beispielen die Augen öffnen,

Fast bis zur Unkenntlichkeit ist dieser Bildstock in Schöntal-Marlach (Hohenlohekreis) verwittert. Die Farbe, deren Reste im Bild oben noch zu erkennen sind, konnte den Zerstörungsprozess nicht aufhalten.

Typische Schäden an einem Sandsteindenkmal: Die Oberfläche sandet ab. Die ursprüngliche Oberflächenbearbeitung, eine waagrechte Scharrierung, ist stellenweise noch erkennbar. Dieser Art der Steinzerstörung ist selbst durch eine fachmännische Behandlung mit Kunstharzen nicht dauerhaft abzuhelfen.

will ihm helfen, Geschichte zu verstehen. Grundlage für eine Bewusstseinsänderung der Öffentlichkeit und einen wirkungsvollen Schutz ist eine möglichst genaue Kenntnis der Objekte: „Aus dem Abseits ins Bewusstsein" muss die Devise heißen.

Einen Überblick über den Bestand an Kleindenkmalen in Baden-Württemberg gibt es bislang nicht. Einzig die steinernen Sühnekreuze sind systematisch erfasst worden. Und selbst in dieser Denkmalkategorie kommen immer wieder neue, bisher unentdeckt gebliebene Kreuze hinzu. Auch dieses Buch kann und will keine Gesamtübersicht über die Kleindenkmale geben – nicht einmal über ihre Kategorien.

Das Landesdenkmalamt ist zu einer systematischen Erfassung und Dokumentation derzeit personell nicht in der Lage. Ehrenamtlich tätige Kleindenkmalfreunde, zum Beispiel Mitglieder der 1985 gegründeten Gesellschaft zur Erhaltung und Erforschung der Kleindenkmale (GEEK), haben lokal und regional bereits wertvolle Arbeit erbracht. In einzelnen Landkreisen und Gemeinden wurde schon Vorbildliches zur Erfassung und Dokumentation von Kleindenkmalen geleistet. Heimatfreunde haben hier und da umfangreiche Bild- und Textsammlungen zusammengetragen. Im Land gibt es aber auch noch große Lücken.

Der Schwäbische Heimatbund beabsichtigt – in Zusammenarbeit mit Schwäbischem Albverein, Schwarzwaldverein sowie anderen Verbänden und heimatkundlich interessierten Bürgern – eine Gesamtdokumentation des Bestandes an Kleindenkmalen in Baden-Württemberg zu erarbeiten. Dies geschieht selbstverständlich in engem Zusammenwirken mit dem Landesdenkmalamt. Jedermann kann sich an der Inventarisation beteiligen. Vielleicht kann dieses Buch den einen oder anderen anregen, dabei mitzuwirken. Auf den Seiten 170/171 ist zu lesen wie.

Wegweisend. Damals und heute

Stunden- und Kilometersteine gehen in unserem
Schilderwald oft unter. Wo sie störten, landeten sie
auf dem Auffüllplatz. Es ist geradezu ein Wunder
und wohl der Zuneigung eines Kleindenkmalfreunds
zu verdanken, dass diese Steine noch stehen. Gegenüber den Normschildern von heute ist jeder
Stein ein kleines Kunstwerk für sich. (Neunkirchen
und Hüffenhardt, Neckar-Odenwald-Kreis, sowie
Schönbrunn-Haag, Rhein-Neckar-Kreis)

KLEINDENKMALE AN GEWÄSSERN

Es quillt, sprudelt, fließt und strömt

Quellen und Brunnen

Leider die Regel: „Kein Trinkwasser"

Unseren Vorfahren waren sie heilig: Quellen, die Trinkwasser lieferten, waren unersetzlich und standen deshalb unter dem Schutz höchster Gottheiten. Wir heute freuen uns, wenn wir am Wanderweg an einem kleinen Brunnen vorbeikommen, auch wenn man in vielen Fällen wegen des Schildchens „Kein Trinkwasser" dann doch die Sprudelflasche aus dem Rucksack ziehen muss. An einem heißen Sommertag kühles Quellwasser über die Arme rinnen zu lassen und es Pfarrer Kneipp nachzutun, ist eine Wohltat. Und auch Kinder finden an fließen-

dem Wasser bekanntlich immer ihr Vergnügen.

Allzu häufig stößt man bei uns außerhalb von Ortschaften nicht auf Brunnen, selbst in wasserarmen Gegenden hat sich selten jemand veranlasst gesehen, eine der seltenen Quellen zu fassen und für durstige Wanderer in einem Brunnentrog zu sammeln. Einfache Viehbrunnen am Rande von Schaf- und Viehweiden sieht man hin und wieder, öfter hingegen trifft man an Waldwegen auf Brunnen, die irgendwann einmal vom Forstamt gebaut worden sind.

Die schwäbisch-fränkischen Waldberge weisen gegenüber der Schwäbischen Alb, der Hohenloher Ebene und auch Oberschwaben wesentlich mehr Quellen auf. Während in den Kalkgebieten das Wasser in Klüften im Untergrund versinkt und erst in den Tälern wieder zum Vorschein kommt, gibt es im Keuperbergland zahlreiche „Quellhorizonte", wo sich Grundwasser über Wasser stauenden Tonschichten sammelt und am Hang zutage tritt.

Die Eigenschaften des Quellwassers sind recht unterschiedlich und reichen von weichem, kohlensäurehaltigem bis zu sehr hartem, mineralsalzreichem Wasser. Eignet sich das eine Wasser hervorragend für Tee, ist ein anderes schon fast den Mineral- oder Heilwässern zuzuordnen. Manche Brunnen

Das „Silberbrünnele" von 1909 im Senzenbachtal bei Spiegelberg (Rems-Murr-Kreis) an der Straße nach Oberstenfeld-Prevorst erinnert an den Silberbergbau, der im 18. Jahrhundert in der Nähe – erfolglos – betrieben wurde.

S. 19: Brunnen im Rottal nördlich Alfdorf (Rems-Murr-Kreis).

Oben: Der „Fratzenbrunnen" im Trauzenbachtal bei Murrhardt (Rems-Murr-Kreis) wenige hundert Meter oberhalb des Freibads ist ein beliebtes Wanderziel.

Rechts: So lange ist es noch gar nicht her, da sorgten allein derartige Pumpbrunnen für die Wasserversorgung in den Dörfern. (Wolpertshausen-Cröffelbach, Landkreis Schwäbisch Hall)

sind weithin bekannt und ziehen Liebhaber guten Wassers an, die dann vor Ort ihren Bedarf abfüllen.

Während alte Brunnentröge in Ortschaften oft groß und kunstvoll gearbeitet sind, handelt es sich bei Brunnen in Wald und Flur eher um bescheidene „Bauwerke": Wenn überhaupt aus Stein gearbeitet, sind es meist ausgehöhlte große Sandsteinblöcke oder aufgemauerte Tröge, in die ein Metallrohr in einem zweiten Stein an der Wegböschung das Wasser spendet. Brunnen mit hölzernem Trog und Brunnenstock – so nennt man den Bauteil mit dem Zuleitungsrohr – wurden in den letzten Jahren viele gebaut, doch sind sie nicht sehr dauerhaft; so groß wie ihre Zahl ist ihre bauliche Vielfalt, nicht wenige davon grenzen an Kitsch. So gering der Aufwand auch scheint, einen Brunnen zu bauen, so aufwändig ist doch die Unterhaltung der Anlage: Die Wasserfassung muss hin und wieder in Ordnung gebracht

werden, der Ablauf des Wassers ebenso – von der Reparatur mutwillig verstopfter Rohre und den Folgen anderen Unfugs, der leider immer wieder vorkommt, ganz zu schweigen.

Brunnen haben in der Regel Namen. Manchmal sind es landschafts- oder ortsbezogene, wie Lindenbächlesbrunnen oder Buchenbrunnen, oft beziehen sie sich auf Eigennamen, beispielsweise die benachbarter Hofbesitzer wie beim Gottschicksbrunnen und dem Hefenmichelsbrunnen (Gemeinde Althütte, Rems-Murr-Kreis) oder die von Forstmeistern wie beim Theodor-Hepp-Brunnen (Oppenweiler, Rems-Murr-Kreis). Selten, wie an letztgenanntem Brunnen, weist eine gusseiserne Tafel auf den Namenspatron hin. Namen wie Kalter Brunnen und Saurer Brunnen erklären sich von selbst, andere sind wie viele Flur- und Ortsbezeichnungen schwer zu deuten: Dorrersbrunnen, Farzenbrunnen, Kohlbrunnen usw. Schließlich sei hier noch der vielen namenlosen Brunnen gedacht, die in topographischen Karten mit „Br." bezeichnet sind und wo oft nur ein dünnes Rinnsal in einen Steintrog fließt.

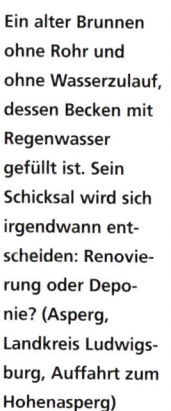

Ein alter Brunnen ohne Rohr und ohne Wasserzulauf, dessen Becken mit Regenwasser gefüllt ist. Sein Schicksal wird sich irgendwann entscheiden: Renovierung oder Deponie? (Asperg, Landkreis Ludwigsburg, Auffahrt zum Hohenasperg)

Quellen und ihre Fassungen als Brunnen sind heute genauso schützenswert wie früher. Auch wenn unsere Wasserversorgung heute von Fernleitungen, Wasserbehältern und -türmen geprägt ist, so ist es doch nicht ausgeschlossen, dass man in Zukunft wieder einmal auf die Wasserversorgung aus der eigenen Umgebung angewiesen ist. Brunnen sind ein Teil unserer Kulturlandschaft, auch wenn das Wasser, das sie sammeln, der Natur entspringt.

Donau und Neckar

Irrungen und Wirrungen um den Ursprung

In Baden-Württemberg entspringen zwei größere Flüsse, die Donau und der Neckar. Sie gehören unterschiedlichen Flusssystemen an. Die Donau fließt nach langem Lauf ins Schwarze Meer. Der Neckar mündet in den Rhein, und der wiederum in den Ärmelkanal und damit in Nordsee und Atlantik. Die Europäische Wasserscheide, die sich quer durchs Land zieht, trennt die Einzugsgebiete der beiden europäischen Ströme.

Donau und Neckar gemeinsam ist, dass ihr Ursprung im Süden des Landes und jeweils nicht weit weg von der Wasserscheide liegt. Gemeinsam ist ihnen auch eine gewisse Unklarheit über ihren Entstehungsort. Ein Schleier des Mystischen, des Unbestimmten umgibt ihre Quellen. Das macht ihren Reiz aus. Und selbst Wissenschaftler – Hydrologen und Geographen – haben ihre Probleme. Donau und Neckar machen es ihnen nicht einfach. Irrungen und Wirrungen über die „Geburtsorte".

„Brigach und Breg bringen die Donau zuweg." Diesen Merkspruch haben Generationen von Schulkindern gelernt. Die Donau hat also keine eigene Quelle, sondern entsteht durch den Zusammenfluss ihrer beiden Quellflüsse im Südosten von Donaueschingen. Das ist aber keinesfalls unumstritten. Denn gewöhnlich nimmt man den längeren der beiden Quellflüsse als Hauptquellfluss und erklärt dessen Quelle zum Ursprung des ganzen Stroms.

Die Brigach ist dies nicht. Sie steht in dem Merkspruch nur wegen des Reims vorne. Sie entspringt im Keller des Hitzbauernhofs, südwestlich von St. Georgen (Schwarzwald-Baar-Kreis) im Schwarzwald. Außerhalb des Hauses ist ein kleiner Teich angelegt, in den der in Stein gefasste Zufluss mündet. Von Gebüsch umrahmt, trägt ein Findling die Inschrift „Brigach-Quelle".

Die Brigach ist 43 Kilometer lang, führt verhältnismäßig wenig Wasser und hat ein geringeres Gefälle als die Breg.

Die Breg (oder Brege) ist fünf Kilometer länger. Sie entspringt beim Kolmerhof, acht Kilometer nordwestlich von Furtwangen im Schwarzwald (Schwarzwald-Baar-Kreis). Ihr Quellgebiet, eine Sumpfwiese, liegt direkt an der Europäischen Wasserscheide, wie ein Schild dem Wanderer kundtut, und zwar an ihrem westlichsten Punkt. 1683 wurde die Breg zum Hauptquellfluss der Donau erklärt. Und so verkündet eine Bronzetafel: „Donau-Quelle' Hier entspringt der Hauptquellfluß der Donau, die Breg, in der Höhe von 1078 m ü. d. M., 2888 km von der Donaumündung entfernt, 100 m von der Wasserscheide zwischen Donau und Rhein, zwischen Schwarzem Meer und Nordsee". Und eine zweite Bronzetafel

Wo die Brigach ins Freie drängt, ist diese Quellfassung geschaffen worden.

Im Donauquellen-
streit spielt die
Quellfassung der
Breg eine wichtige
Rolle.

gibt an: „An dieser Quelle beginnt die geographische Längenmessung der Donau. Deutsche Donaulänge 647 km". Doppelt genäht hält besser?

Das hat seinen Grund. Denn im 19. Jahrhundert befanden die Fürsten von Fürstenberg, dass die Stadt, die die Donau in ihrem Namen trägt – Donaueschingen – auch die Donauquelle auf ihrer Gemarkung haben sollte. Im Park des Fürstenberger Schlosses wurde 1875 eine Karstquelle neu gefasst. Und als man 1892 bis 1896 das Schloss großartig umbaute, wurde auch die „Donauquelle" im Schlosspark neu gestaltet. Das Brunnenrondell hat Adolf Weinbrenner geschaffen. Es trägt die neutrale Inschrift „Über dem Meer 678 m, bis zum Meer 2840 km". 1896 erhielt es eine Marmorgruppe von Adolf Heer: „Mutter Baar zeigt ihrer

jungen Tochter Donau den Weg nach Osten, zum Schwarzen Meer". Nicht im Schwarzwald, sondern in der Baar, deren Mittelpunkt Donaueschingen ist, sollte der Ursprung der Donau liegen.

Da waren unsere Uraltvorderen klüger. Sie hatten die Bedeutung der Bregquelle am Brend-Massiv höher eingeschätzt. Vermutlich in der Nachfolge eines keltischen Quellheiligtums wurde im frühen Mittelalter an der Quelle der Breg eine christliche Kultstätte gebaut. Die dem Franken-Heiligen Martin geweihte romanische Kapelle ist inzwischen restauriert worden. Die ungewöhnliche Lage auf dem Berg und in unbesiedeltem Waldgebiet lässt sich nur in Verbindung mit der wichtigen Quelle erklären. Von einer keltischen Kultstätte ist freilich nichts mehr zu sehen. Aber der Name der Breg ist keltischen Ursprungs. Er kommt von *brigane* oder *briga,* was „Berg" bedeutet. Auch die Brigach hat dieses keltische *briga* oder *brigina* im Namen, dazu kommt noch das indogermanische Flussnamen-Grundwort -*ach,* „Wasser". Der keltische Bergname *Brend* hat, so glauben die Sprachforscher, eine ältere indogermanische Quelle und wird von *bhrendh,* „aufschwellen", abgeleitet.

Indogermanisch ist auch die Wurzel des Namens Donau. Da steckt *dan,* „Fluss", darin, woraus keltisch und dann lateinisch *danovios* und *danubius* geworden ist. Die indogermanischen Flussnamen gehören zum ältesten in Europa überlieferten Sprachgut. Den Griechen war die Donau in ihrem Unterlauf als *Istros* bekannt. Hübsch ausgedacht ist die Geschichte, wie der Flussname vor Ort erklärt wird: Ein Fremder erhielt auf die Frage „Wo fließt dieser Fluss hin?", die Antwort im Baaremer Dialekt: „Ha, do nau" (da hinaus).

1981 ist der Streit zwischen Furtwangen und Donaueschingen über den Ursprung der Donau amtlich geschlichtet worden – zugunsten Donaueschingens. Eine dubiose Entscheidung, denn als sie fiel, war lange bekannt, dass die „Donauquelle" im Schlosspark keine eigenständige Quelle ist. Sie bezieht nämlich ihr Wasser von der Breg, was durch Färbversuche 1971 nachgewiesen wurde. Bregwasser versickert bei Hüfingen und kommt dann im Schlosspark von Donaueschingen wieder zutage.

In den Streit um den richtigen „Geburtsort" des zweitgrößten europäischen Stromes könnten sich auch Immendingen oder Fridingen – etwa 20 beziehungsweise 40 Kilometer flussabwärts gelegen – einmischen. Denn dort versickert die Donau in heißen Sommern – gurgelnd verschwindet das Donauwasser im Kalkgestein. Das Flussbett trocknet aus. Was dann als Donau ins Schwarze Meer mündet, hat sich erst unterhalb Fridingens neu gebildet. 180 Meter tiefer und zwölf beziehungsweise 19 Kilometer weiter südlich kommt das Donauwasser im Aachtopf

Die „fürstliche Quelle" der Donau liegt im Schlosspark von Donaueschingen (Schwarzwald-Baar-Kreis). Das künstlerisch gestaltete Rondell hat sie geadelt.

wieder zum Vorschein. Die Aach ist mit 10 000 Liter Schüttung in der Sekunde Deutschlands stärkste Quelle. Und die Aach fließt in den Bodensee. So ist die obere Donau in gewissem Sinne ein Nebenfluss des Rheins.

Nicht ganz so kompliziert, aber verwirrend genug, ist die Sache mit dem Neckarursprung. Der liegt in jedem Fall auf der Gemarkung Villingen-Schwenningen – aber an zwei verschiedenen Stellen. Auf Karten ist der Neckarursprung im Schwenninger Moos eingezeichnet, einem 130 Hektar großen Torfmoorgebiet südlich von Schwenningen, das genau auf der Europäischen Wasserscheide liegt. Das Moos gibt sein Wasser auch an die Brigach ab, und damit an die Donau. In den 30er-Jahren des 20. Jahrhunderts ist im Schwenninger Moos ein Torfstich erweitert worden, der sich in einen Weiher verwandelt hat. Diesen wildromantischen, mit schaurig-schönen Baumleichen umstandenen und mit Schilf und Binseninseln drapierten Teich weist ein Schild als Neckarursprung aus. Der Abfluss des Sees, mit einem Schieber zu regulieren, führt in den im Stadtgebiet verdohlten Neckar.

Dieser Neckarursprung ist zwar wasserreich, aber unhistorisch. Einst hatte die „Herzader des alten Württemberg" eine richtige Quelle, die 1581 erstmals erwähnt wird. Sie liegt im Stadtpark Möglingshöhe, nur einige hundert Meter Luftlinie entfernt. Die Neckarquelle hat eine bewegte Geschichte, an die 400 Jahre später, 1981, durch das Setzen eines Denkmals mit Bronzetafel erinnert wurde.

Herzog Ludwig von Württemberg hatte im 16. Jahrhundert an der Quelle,

Die (alte und) neue Neckarquelle in Schwenningen (Schwarzwald-Baar-Kreis).

wenige Schritte neben dem Bauwerk heute, einen Stein setzen lassen, der lapidar vermerkte: „Da ist des Neccars Ursprung". Herzog Eberhard Ludwig von Württemberg erneuerte das Quelldenkmal 1733 in Form eines halbkegelförmigen Steins mit einer viereckigen Brunnenschale davor, über der mit zwei Sandsteinplatten ein Zeltdach errichtet war. Die Bronzetafel von 1981 hält dies skizzenhaft fest. Der Stein, dessen Original im örtlichen Heimatmuseum steht, trug die Inschrift „1733" und die Initialen des Herzogs, E.L.H.Z.W., sowie das württembergische Wappen. Hundert Jahre später haben Privatleute die Quelle neu gefasst.

Einen tiefen Einschnitt in die Geschichte der Quelle bildete aber der Bau der Eisenbahnlinie von Rottweil über Schwenningen ins badische Villingen 1869. Beim Gleisbau ist die Neckarquelle vom größten Teil ihres unterirdischen Zuflusses abgeschnitten worden und tröpfelte danach nur noch unstandesgemäß. Abhilfe wurde 1873 geschaffen. Man verlegte ein Rohr unter der Bahnlinie hindurch, brachte so wieder Wasser in die Quellfassung, die gleichzeitig zum Springbrunnen mit runder Brunnenschale umgestaltet wurde. Auf der Rückseite des Denksteins von 1733 mit seiner unleserlich gewordenen Inschrift meißelte man ein: „Neckarursprung, renoviert 1873".

Zwanzig Jahre später war die Rohrleitung verrostet und der Neckar wieder seiner Quelle beraubt. Schwenningen, das 1907 zur Stadt erhoben wurde, schuf dem Fluss nun an anderer Stelle eine neue Quelle mit einem Tuffsteinbau. Das Wasser lieferte ein Bach, der kurz unterhalb des Ursprungs in den jungen Neckar mündete. Dieses Denkmal für den „unechten" Neckarursprung ist dann eine Generation später wieder beseitigt worden.

Nach dem Zweiten Weltkrieg erinnerte man sich wieder an die „echte" Neckarquelle. Bildhauer Willi Müller schuf 1954 eine Kopie des Steins von 1733. Das originale Quellbecken wurde 1969 wieder entdeckt. Der Neubau des Neckarquellendenkmals konnte aber erst 1981 eingeweiht werden. Eine elektrische Pumpe fördert nun das Wasser aus dem tiefer liegenden Quell-

Als Neckarursprung gilt heute das Schwenninger Moos, eine als Naturschutzgebiet ausgewiesene Sumpf- und Seenlandschaft im Süden der Stadt.

schacht. Weil die Schüttung der Neckarquelle zeitweise aber nur schwach
ist, erhält das Bächlein Verstärkung
aus dem Schwenninger Moos.

Bleibt noch nachzutragen, dass der
Name des 371 Kilometer langen Neckars, den die Römer *Nicer* nannten,
noch viel älter ist. Er wird vom indogermanischen *neik / nik* abgeleitet, was
„heftig bewegen" bedeutet. Und mit seiner Quelle, das ist wahr, hat der Neckar
die Gemüter schon lange heftig bewegt.

Ein Schöpfbrunnen aus der Römerzeit

Wer auf der Bundesstraße 3 nach Norden fährt, kommt unmittelbar vor Bad
Krozingen (Landkreis Breisgau-Hochschwarzwald) an diesem Schöpfbrun-
nen vorbei. Es ist der letzte Zeuge einer römischen Ansiedlung, die 1973
ausgegraben wurde. Damals waren die
Archäologen unter anderem auf den
kreisrund gemauerten Brunnenschacht

gestoßen, der noch 6,5 Meter in die
Tiefe reichte. Der Brunnen wurde re-
konstruiert und mit einer neuen Mau-
erkrone sowie einem Dach versehen.
Die Siedlung, zu der der Brunnen
gehörte, ist im 1. Jahrhundert entstanden und war der Vorgänger des im
5. Jahrhundert gegründeten Alaman-
nendorfes Krozingen.

Der Sauerbrunnen von Kleinengstingen

Bereits im Jahr 1580 ist der Sauerbrunnen in Kleinengstingen (Gemeinde
Engstingen, Landkreis Reutlingen) entdeckt worden. Wann der gut sechs Meter tiefe Brunnenschacht mit einem
Häuschen überbaut wurde, ist nicht
mehr bekannt. Das unter Denkmalschutz stehende Kleindenkmal ist erst
in den Jahren 1936/37 errichtet worden, nachdem das alte Brunnenhäusle
im Winter 1935 von einem Lastwagen
umgefahren worden war. Beim Neubau
wurde die Zapfstelle von der Straße
weg zum Rathaus hin gedreht.

Beim Ausbau der Bundesstraße 312,
die durch Kleinengstingen führt, sollte
in den 80er-Jahren das Sauerbrunnen-
Häuschen verlegt werden. Doch die
Kleinengstinger haben sich damals erfolgreich für den althergebrachten
Standort verkämpft. Der Sauerbrunnen
ist sehr beliebt. Die Leute holen sich
dort ihr (kostenloses) Mineralwasser,
obwohl der Brunnen zeitweise mit Ko-

Ein Zeuge der römischen Vergangenheit Bad Krozingens ist dieser Brunnen
(neben der B 3).

längste römische Wasserleitung im Gebiet rechts des Rheins. An einigen Stellen ist sie noch heute zu sehen. Ein ausgeschilderter Weg führt zu einem Stück freigelegten Aquädukts mit einer Informationstafel. Leider befinden sich beide nicht mehr in bestem Zustand. Bachaufwärts sind – sozusagen „im Anschnitt" – die hangseitige, mit Handquadern sorgfältig gemauerte Kanalwand und ein Stück des Kanalbodens im Original zu sehen. Die Wand zum Seltenbach hin ist

libakterien verseucht war. Ein Schild mit der Aufschrift „Kein Trinkwasser" warnt vor der Gefahr.

Quellwasser für Rottenburg

Die Frischwasserzufuhr für ihre Siedlungen haben die Römer, wenn Brunnen oder nahe gelegene Quellen nicht ausreichten, auf technisch anspruchsvolle und aufwändige Weise sichergestellt. Sie bauten eine Wasserleitung (Aquädukt), die das lebensnotwendige Nass von schüttungsstarken Quellen in der Region fasste und zum Verbraucher leitete. Die römische Stadt Sumelocenna (Rottenburg) wurde aus einer Quelle im Rommelsbachtal, nordwestlich von Obernau (Landkreis Tübingen), versorgt. Mit 7,1 Kilometer Länge ist das Aquädukt die

Ein kleines Stück des Wasserkanals ist zur Besichtigung freigelegt worden und nun mit Laub übersät.

abgerutscht. Bei genauem Hinsehen sind Reste des Ziegelsplittestrichs, mit dem Boden und Wände wasserdicht gemacht wurden, zu erkennen. Vor allem wird hier die umfangreiche Fundamentierung deutlich.

Der Wasserkanal führte über weite Strecken offen am Hang entlang. An Stellen, wo Hangrutschungen das Trinkwasser hätten verunreinigen können, wurde er eingewölbt. Zwischen zwei Mauern ist eine mit Ziegelbeton wasserdicht ausgekleidete Fließrinne von 32 Zentimeter Breite und 35 Zentimeter Höhe gebaut worden, die auf einem Fundament ruhte. Möglich wurde die Frischwasserzufuhr für Rottenburg, die vermutlich im 3. Jahrhundert angelegt wurde, nur durch die meisterliche Vermessungstechnik der Römer. Das Aquädukt hat nämlich ein konstantes Gefälle von 0,33 Prozent, sodass das Quellwasser ohne weitere technische Nachhilfe den Weg nach Sumelocenna fand. Dort hat es vermutlich auch die große öffentliche Latrine versorgt. Die Schüttung der Quelle liegt heute bei 20 Liter in der Sekunde. Zur Römerzeit war sie wohl deutlich stärker, denn die Wasserleitung aus dem Rommelsbachtal ist für knapp 100 Liter in der Sekunde ausgelegt.

Nur die hangseitige Kanalwand mit den sauber gesetzten Quadern ist hier ein Stück weit erhalten. Eindrucksvoll ist die mächtige Fundamentierung.

Wasser auf Stuttgarts Mühlen

Die Residenzstadt Stuttgart hat im 16. Jahrhundert mit wachsender Bevölkerung und gestiegenen Ansprüchen des Hofes unter Wassermangel gelitten. Vom Nesenbach und seinen Zuflüssen ist so viel Wasser abgezweigt worden, dass die drei Mühlen oberhalb der Stadt nicht mehr betrieben werden konnten. Herzog Christoph ließ deshalb die Baumeister Aberlin Tretsch und Christoph Spindler 1565 einen Plan erarbeiten, der vorsah, die moorigen Pfaffenwiesen durch den Bau eines Dammes zum Pfaffensee aufzustauen. Von einer Wasserstube aus sollte das kostbare Nass durch einen mehr als 800 Meter langen Stollen zur Heidenklinge geleitet werden, wo es dann in Kaskaden dem Nesenbach zustrebte. 1566 begannen österreichische Mineure den mannshohen Stollen von der Heidenklinge aus zu bauen. Nach einer Unterbrechung wurde die wasserbautechnische Großtat des 16. Jahrhunderts 1577 fertig. 300 Jahre lang, bis 1874, floss dann Wasser durch den Christoph-Stollen. Noch 1826 wurde ein Bolzenhäuschen am Pfaffensee gebaut, das den Abfluss regulierte.

Eingezäunt ist heute die Wasserstube, der Beginn des Herzog-Christoph-Stollens am Pfaffensee. Links das Bolzenhäuschen (1826).

Hochwassermarken

Warnung vor der Neckarflut

Wer 1997 als Neckaranrainer die Bilder von der verheerenden Überflutung des Oderbruchs im Fernsehen gesehen hat, hat sich vielleicht die Frage gestellt, ob das auch am Neckar geschehen könnte. In diesem Ausmaß gewiss nicht! Aber bei solchen Bildern wird die Erinnerung an 1978 wieder lebendig, als Ende Mai das Technische Hilfswerk (THW) mit Schlauchbooten durch Freiberg-Beihingen (Landkreis Ludwigsburg) paddelte und die vom Hochwasser Eingeschlossenen mit dem Nötigsten versorgte, einige auch evakuieren musste.

Hochwasser am Neckar. Das ist selten und kommt unerwartet. 1978 verursachte es mehr als 100 Millionen Mark Schaden. Vieh ertrank, die Menschen blieben gottlob von diesem Schicksal verschont.

Mit der Begradigung und Tieferlegung des Flussbetts, mit Dämmen und besseren Wehren hat der Mensch den unberechenbaren Naturgewalten nur einen Teil ihrer Gefährlichkeit nehmen können. Wenn der Himmel tagelang die Schleusen öffnet, wenn ein Warmlufteinbruch den Schnee schmelzen lässt und gar noch Eisschollen den Abfluss behindern, dann steigen die braunen Fluten. Sie überschwemmen die Talaue, wo der naturentfremdete Mensch heute leichtfertig Fabriken und Lagerhallen errichtete, was seine Vorfahren noch tunlichst vermieden hatten. Die Schäden reguliert dann meist die Versicherung. So „gut" hatten es die Menschen in früheren Jahrhunderten nicht. Sie trafen die Fluten mitunter existenzbedrohend. Der Ertrag der Felder und Gärten war dahin, Vieh ertrunken, Gebäude und Mauern eingestürzt, die mobile Habe davongeschwommen, das Trinkwasser verseucht. Mitunter gab es auch Tote. Um auch nachfolgende Generationen an die Hochwassernot zu erinnern, damit sie ihre Lehren daraus ziehen konnten und können, sind in den betroffenen Ortsteilen allenthalben Hochwassermarken angebracht worden.

Als Strich ins Mauerwerk geritzt oder aufgemalt und mit der Jahreszahl versehen, auf eigens aufgestellten Pfeilern oder kunstvollen Gedenktafeln vermerkt, künden die Merkzeichen oder Kleindenkmale ganz augenfällig von

großer Not. Man findet die Zeichen naturgemäß in Flussnähe, an Mühlen und Brücken, Fährhäusern und Ufermauern, aber auch an Kirchen, Rathäusern, Türmen, Gast- und Wohnhäusern.

Heutzutage werden solche Hochwassermarken nur noch selten angebracht. Und die alten verschwinden Zug um Zug. Sei es, dass das Bauwerk, an dem sie abzulesen sind, abgerissen wird, sei es, dass sie verwittern und unleserlich werden oder man sie aus Unachtsamkeit oder Interesselosigkeit beschädigt.

Die ältesten Hochwassermarken am Neckar stammen aus dem 16. Jahrhundert. 1524, 1529 und 1581 war der Fluss mit verheerender Wirkung über die Ufer getreten. Im hessischen Neckarsteinach ist die Scheitelhöhe der Flut von 1524 angegeben.

Eine Tafel am Schelztor in Esslingen markiert mit einem Kreuz den Wasserhöchststand von 1529. Nur wenige Zentimeter niedriger standen die Fluten am 20. Juli 1663. Die frühesten Hochwassermarken in Remseck-Aldingen (Kreis Ludwigsburg) stammen aus den Jahren 1744 und 1778. Sie waren am Gasthaus zum Löwen angebracht, das einem Neubau weichen musste. Der Stein mit den Markierungen ist „gerettet" worden und liegt im Bauhof. Es ist geplant, ihn vor dem Schloss aufzustellen. Das erinnert freilich ein bisschen an das rührende Bemühen der Bürger von Schilda, die einst mit einem weißen Kreidekreuz an der Bordwand

Hochwassermarken von 1529, 1663, 1778, 1817 und 1824 (die oberste) zeigt diese steinerne Gedenktafel am Esslinger Schelztorturm.

Aufgrund besonderer Umstände war in Heidelberg der Hochwasserstand am 27. Februar 1784 am höchsten. Eisgang hatte Schollen aufgetürmt, die den Abfluss der Wassermassen behinderten. So staute sich das Wasser ungewöhnlich hoch auf und überflutete die Altstadt. Am Haus Neckarstaden 58/Ecke Pfaffengasse sind die Wasserstände bei Überschwemmungen bis 1993 markiert.

ihres Bootes die Stelle markierten, wo sie die Glocke im See versenkt hatten.

Die Esslinger Tafel verrät, dass die Wasserflut am 25. und 26. Oktober 1778 gekommen ist, im flussabwärts gelegenen Aldingen also nicht viel später. In Besigheim hat das Jahr 1784 große „Wasser-Noth" gebracht, und fünf Jahre später schon wieder. Zwischen Sulz (Landkreis Rottweil) und Ilvesheim (Rhein-Neckar-Kreis) vor den Toren Mannheims finden sich fast in jedem Ort Hochwassermarken.

Den nie mehr übertroffenen Rekord erreichte das Neckarhochwasser Ende Oktober 1824. Damals stiegen die Fluten bis zum ersten Stockwerk der tiefer gelegenen Häuser. In Esslingen war ein großer Teil der Altstadt überschwemmt. „Land unter" auch in Aldingen, wo das Wasser mehr als drei Meter über das Straßenniveau reichte, in Besigheim aber nur 1,80 Meter. Örtliche Gegebenheiten spielen da eine Rolle. Hochwassermarken von 1824 gibt es auch in Marbach und Bennin-

gen. In Benningen ertrank damals eine Frau in ihrem Zimmer.

Der Pegelstand von 1824 wird noch heute beim Brückenbau zugrunde gelegt. Noch höher als 1824 war der Wasserstand 1784 zwischen Heidelberg und Mannheim, und zwar aufgrund besonderer Umstände. Ein Eisstau hatte damals den Abfluss des Neckarwassers verhindert.

Die meisten Hochwassermarken sind im 19. Jahrhundert angebracht worden. Im Abstand jeweils weniger Jahre trat der Neckar gut ein Dutzend Mal mächtig über die Ufer. Besonders große Fluten gab es 1817, 1824 und 1882. Das war auch bei den Nebenflüssen des Neckars so. Steinheim lag 1817 nicht an, sondern „in der Murr", wie die Bewohner spotteten. Drei Menschen ertranken in den Fluten, darunter der Schulmeister. Auch aus dem 20. Jahrhundert gibt es noch vereinzelte Markierungen, z. B. 1906 und 1931 in Aldingen. Gut zwei Dutzend Mal gab es ein „Weihnachtshochwasser", das freilich nicht immer zu großen Schäden führte.

Seit 1880 werden in Württemberg die Pegelstände regelmäßig abgelesen. In Heilbronn, wo der erste Pegel errichtet wurde, stand 1824 das Wasser 6,87 Meter hoch. Weitere Wasser-

standsmessstellen sind hinzugekommen, sodass sogar ablesbar ist, welchen Anteil die einzelnen Nebenflüsse
am Neckarhochwasser haben. Diese
Pegelstände sind sicher genauer als die
Striche an der Hauswand, aber nicht
so anschaulich wie diese steinernen
Zeugen der Heimatgeschichte.

Das alte Fährhaus von Stuttgart-Hofen

Das alte Fährhaus von Stuttgart-Hofen
ist mehr als 150 Jahre alt und hat damit schon manches Neckarhochwasser
erlebt. Um die Mitte des 19. Jahrhunderts war die Überschwemmung so
groß, dass das Häuschen volllief und
das Wasser bis zum oberen Türrahmen
stand. Die Hochwassermarken von
1851 und 1853 sind noch deutlich zu
sehen. Weitere Marken im unteren Teil
des Türrahmens sind nicht mehr leser-
lich. Der Fährbetrieb, nachgewiesen

Die Hochwassermarken in Neckarsteinach.

seit 1350, musste bereits bei niedrige-
ren Wasserständen eingestellt werden.
Er endete schließlich 1933.

Ganz links: Im Gerberviertel
an der Kinzig finden sich in
Schiltach (Landkreis Rottweil)
Hochwassermarken. Auch hier
ist der Wasserstand von 1824
der höchste, dicht gefolgt von
dem des Jahres 1862. 1896 und
1919 schwappten die Fluten
immerhin noch über die Tür-
schwelle.

Links: Das Fährhaus von
Stuttgart-Hofen.

Die älteste Hochwassermarke am Neckar

Die älteste Hochwassermarke am Neckar ist in Neckarsteinach zu finden. Sie gibt den Wasserstand von 1524 wieder. Neckarsteinach (Kreis Bergstraße) liegt in Hessen, das hier auf wenigen Kilometern Länge an den Neckar reicht. An der Neckarstraße 41 gegenüber der ehemaligen Synagoge sind eine Reihe von Marken angebracht. Der mit einem Relief und der Zahl 850 versehene Stein daneben erinnert an das 850-Jahr-Jubiläum des Ortes, das Neckarsteinach 1992 gefeiert hat.

Wasserstandsmeldung vom Pegel Benningen

„Gestiegen zwei ...“

Der Wasserstand des Neckars ist früher auch in Benningen, im alten Pegelhäuschen, abgelesen worden. Das war für die Benninger wichtig, wenn Hochwasser und Überschwemmung drohten. Große Bedeutung hatte der Pegelstand auch für die Betreiber der Wasserkraftwerke. Unverzichtbar war die Kenntnis schließlich für die Flussschiffer, die mit ihren kleinen Schleppkähnen allerlei Güter, vor allem Getreide und Wein, auf dem Wasser transportierten. Sank der Wasserstand zu sehr, konnten die 20 Meter langen Lastkähne trotz geringen Tiefgangs nicht mehr voll beladen werden.

Der genaue Wasserstand wurde in dem 1916 erbauten Pegelhäuschen ermittelt. Damit es gut erreichbar war

Das Benninger Pegelhäuschen in der Neckaraue an der Straße nach Marbach (Landkreis Ludwigsburg).

und auch bei einer Überschwemmung nicht im Wasser stand, ist der Wasserstandsanzeiger direkt neben der Straße Marbach-Benningen errichtet worden.

Eine etwa 50 Meter lange, heute versandete waagrechte Rohrleitung verbindet den Schacht unter dem Häuschen mit dem Flussbett, sodass nach dem physikalischen Prinzip der kommunizierenden Röhren im Schacht das Wasser auf gleicher Höhe wie im Neckar steht. Bei normalem Wasserstand dürfte dies etwa bei 195 Meter über Meereshöhe sein. Im flussaufwärts benachbarten Marbach ist der exakte Wert 196,31 Meter.

Ein Schwimmer in dem Schacht folgt dem Auf und Ab des Wasserstandes. Er ist mit einem Schreibgerät verbunden, das diese Bewegungen auf die Papierbahn des sich mit der Uhrzeit langsam drehenden Trommelpegels überträgt.

Der Wasserstandsmesser im Pegelhäuschen ist nicht an eine Datenfernleitung angeschlossen. So müssen die Werte direkt vor Ort abgelesen, die Papierrolle ausgetauscht und das Uhrwerk allwöchentlich aufgezogen werden. Diesen Aufwand können die Mitarbeiter des Wasser- und Schifffahrtsamts Stuttgart, Außenbezirk Marbach, heute nicht mehr treiben, und so ist das Pegelhäuschen bei Benningen seit Ende der 70er-Jahre außer Betrieb. Seitdem gibt es keine Wasserstandsmeldungen mehr: „Der Neckar bei Benningen: gefallen zwei." Als seltenes technisches Kleindenkmal ist das Pegelhäuschen aber in seinem Wert „gestiegen zwei".

Rechts: Der Prinzenstein nördlich von Rietenau (Gemeinde Aspach, Rems-Murr-Kreis) ist ein Kleindenkmal, das an königliche Jagden erinnert.

KLEINDENKMALE
ZU JAGD UND WALD
Jäger und Gejagte

Prinz Friedrichs Kochherd und der Prinzenstein

In keiner Karte ist er verzeichnet, kein Hinweisschild am Wegesrand weist auf ihn hin, kein Pfad führt zu ihm und kaum ein Wanderer kennt ihn, wiewohl der markierte Wanderweg kaum hundert Schritte entfernt vorbeiführt. Vielleicht ist es auch gut so, dass Prinz Friedrichs Kochherd in den Wäldern der Löwensteiner Berge zwischen Oberstenfeld und Spiegelberg von Brombeerranken geschützt ist und nur selten Besuch bekommt. Denn es handelt sich um ein recht empfindliches Kleindenkmal, dessen lose aufeinander geschichtete Steine schnell in alle Winde verstreut wären, wenn sich beispielsweise Lausbuben an dem Denkmal zu schaffen machen würden.

Man stelle sich vor: Eine winterliche Treibjagd ist zu Ende, Jäger und Treiber haben das erlegte Wild, die so genannte Strecke, auf einer fußballfeldgroßen Waldwiese abgelegt, und die Jagdhornbläser verkünden das Ende der Jagd. Hunger und Durst haben alle – schon von weitem hat man verlockende Düfte von Suppe und Braten wahrgenommen. Am Rand der Lichtung sind an einem Gestell über einem provisorischen Herd zwei große Kessel aufgehängt, Flammen züngeln aus den Herdlöchern hervor. Um den Herd waren sicher auch Tische und Bänke aufgestellt, vielleicht sogar überdacht. Zu feiern hat die Jagdgesellschaft um 1860 zweifellos verstanden, denn der Jagdherr war königlichen Bluts: Prinz Friedrich von Württemberg (1808 bis 1870), Enkel des ersten württembergischen Königs Friedrich I. und Vater des letzten Königs Wilhelm II. Prinz Friedrich war ein leidenschaftlicher Jäger. 1847 ließ er zwischen Oppenweiler und Strümpfelbach das zu Ehren seiner Frau, Prinzessin Katharina, Katharinenhof genannte Jagdschloss bauen. Darum herum wurde von 1853 an ein über 1000 Hektar großer Wildpark angelegt. Zwei Jahrzehnte lang fanden in den Wäldern nördlich von Oppenweiler immer wieder Jagden statt, und dazu brauchte man Einrichtungen wie Salzlecken, Wildgatter und eben auch besagten Kochherd.

Dieser Kochherd verrät durch seine Bauart, dass er sicher nicht oft benutzt worden ist: Es sind gerade drei Reihen grob behauener Sandsteine, die da in einem Rechteck ohne Verwendung von Mörtel aufgeschichtet worden sind. Die Abdecksteine dagegen sind etwas Besonderes: zwei rund einen Meter im Quadrat messende Platten, in die zwei Öffnungen von 70 beziehungsweise 45 Zentimeter Durchmesser gehauen sind. Nicht ganz klar ist, ob es sich um zwei einst vollständige und erst später zersprungene Platten handelt oder ob die Herdabdeckung aus zusammengesetzten Steinen geschaffen wurde. Wie dem auch sei, dies war eine aufwändige Steinmetzarbeit, denn die runden Öffnungen sind offensichtlich den Kesselformen angepasst worden. Selbst die Schürlöcher sieht man noch.

Der Herd wird vom Staatlichen Forstamt instand gehalten, was allerdings mit nicht allzu viel Aufwand verbunden ist. Eine Renovierung des recht baufälligen Kleindenkmals ist beabsichtigt. Dann sollen auch die „Kochplat-

Oben: Prinz Friedrichs Kochherd im
Waldesdunkel bei Oberstenfeld-Gronau
(Landkreis Ludwigsburg, Aufnahme
1998); hierher verirrt sich nur selten
Besuch.

ten" von Moos befreit und stabilisiert
werden. Der Kochherd steht heute einsam und verlassen mitten im Hoch-
wald, die frühere Lichtung ist mit Ausnahme einer vor etlichen Jahren aufgegebenen Pflanzschule längst zu Wald
geworden.

Auf ein zweites Kleindenkmal im
Zusammenhang mit Prinz Friedrich
soll an dieser Stelle hingewiesen werden. Es steht rund drei Kilometer vom
Kochherd entfernt in der Nähe der so
genannten Hochstraße, auf dem
Höhenrücken zwischen Oberstenfeld
und Sulzbach/Murr. Ein kleines Schild
zeigt von diesem Waldsträßchen
zum Prinzenstein, ein Grasweg führt
einige hundert Schritte dorthin. Direkt
an der Hangkante mit weitem Blick
über die Backnanger Bucht steht das
am 1. Oktober 1870 errichtete Denkmal einsam im Wald – ein von den Jägern des Prinzen gesetzter Erinne-
rungsstein, erstellt ein halbes Jahr

nach dessen Tod. Der Prinz war an den
Spätfolgen eines Unfalls gestorben: Seine Kutsche war auf einer Jagdfahrt
umgefallen, er hatte sich an einem
Glassplitter harmlos an der Wange verletzt und die Verletzung vernachlässigt,
doch die Wunde machte jahrelang
Schwierigkeiten und führte schließlich
zum Tod. Der Wildpark wurde nach
1870 aufgelöst, und so darf man in
dem Denkstein auch eine Erinnerung
seiner Jäger an vergangene Jagdherr-
lichkeiten sehen.

Fast 130 Jahre steht der Prinzenstein nun im Wald, und auch er hat im
Lauf der Jahre verschiedene kleine
Verletzungen erlitten, die das Denkmal
langsam zerstören: Einige handtellergroße Platten sind abgewittert, und

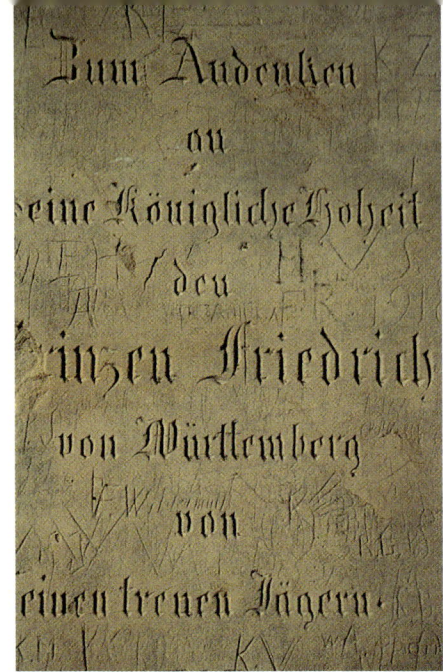

Der Prinzenstein auf der Anhöhe nördlich von Rietenau (Gemeinde Aspach, Rems-Murr-Kreis), wenige hundert Meter von der so genannten Hochstraße entfernt.

verschiedene Besucher meinten, sich mit ihren Initialen verewigen zu müssen. Das Staatliche Forstamt hat den Stein deshalb im Zusammenwirken mit der Ortsgruppe Backnang des Schwäbischen Heimatbundes im Sommer 1997 gründlich reinigen lassen, und in Bälde soll er so ausgebessert und an der Oberfläche gehärtet werden, dass er viele weitere Jahrzehnte überdauern kann.

Der Prinzenstein ist nördlich von Rietenau in den Wanderkarten eingezeichnet und ein lohnenswertes Ziel eines Waldspaziergangs in die Löwensteiner Berge. Und wer ein Stündchen auf Nebenwegen in Richtung Gronau wandert, dem steigt vielleicht plötzlich der Duft einer gegrillten Wurst in die Nase: Er möge suchen und prüfen, ob der Duft von Prinz Friedrichs Kochherd oder von der Feuerstelle an der nahen Waldhütte stammt.

Wilderer, Vaganten und die Obrigkeit

Steine erzählen vom Tod im Walde

Allerlei Geschichten ranken sich um den alpenländischen Wildschütz Jennerwein. Wildschützen, oder einfacher Wilderer, werden hier zu Lande nicht besungen, allenfalls ihre Opfer, obwohl es sie zum Beispiel im Schönbuch auch gegeben hat. In großen unwegsamen Waldgebieten konnten sie sich gut verstecken und natürlich auch dem Wild auflauern. Waldbesitzern oder dem verlängerten Arm der Obrigkeit, dem Revierförster, durften sie dabei nicht unter die Augen kommen. Gelegentlich kam es aber doch zur Konfrontation. Und dann konnte es geschehen, dass der Wilderer schneller und besser schoss und den Forstbediensteten die tödliche Kugel traf.

Im Schönbuch ist so eine Tragödie auf einem Gedenkstein festgehalten. „Ludwig Dürr / Unterförster der / Weilim Schön / bucher Huth / fiel hier am 28. / april 1813 als / Opfer seines dinst / Eifers durch / einen Schus / von einem wilderer", steht da auf einem gut einen Meter hohen Sandstein zu lesen. Die Missetat geschah am Abhang zum Goldersbachtal. Was mag Men-

schen damals zur Wilderei bewogen haben? Nicht der Jagdinstinkt und auch nicht der revolutionäre Gedanke, dass die Natur, also der Wald mit allem Getier, allen gehöre und nicht nur einigen allein. Es war die blanke Not. Denn in der agrarisch ausgerichteten Gesellschaft waren die Menschen viel stärker als heute vom Wetter abhängig. War die Ernte verhagelt, war im betroffenen Landstrich Schmalhans Küchenmeister. Im Lande der Realteilung, wo der bäuerliche Besitz im Erbgang immer kleiner wurde, war die Ausgangsbasis ohnehin schmal. Man musste zusehen, wo man etwas zum Essen herbekam. Im Wald gab es Waldbeeren, Haselnüsse, Bucheckern und Pilze. Aber das „Wildobz zu glauben" (klauben, also aufsammeln), hat der Waldhüter oder Forstknecht nur mit Genehmigung und gegen Gebühr zugelassen.

Das Jagen war seit dem Hochmittelalter grundsätzlich nur dem Adel und

Bei der Baumruine der Schindereiche im Schönbuch steht der Dürr-Stein zum Gedenken an den 1813 im Dienst erschossenen Unterförster der Weil im Schönbucher Hut. „Dis Denckmal / sezt ihm der Rev- / Förster Bechtner" liest der Wanderer. Der Stein ist um 1980 vom Staatlichen Forstamt Bebenhausen hierher versetzt worden. Zuvor stand er bei der Diebssteige am Abhang zum Goldersbachtal.

ALTE HANDWERKSTRADITION

Mit Zweispitz, Knüpfel und Scharriereisen

Mit „Hammer und Meißel", sagt der Laie, arbeite der Steinmetz. Derartige Begriffe kennt dieser allerdings nicht – wie überall auf der Welt gibt es für alles und jedes spezielle Bezeichnungen. Mit dem Bossierhammer – daher der Begriff Bossenquader – werden die im Steinbruch gebrochenen Rohlinge zunächst grob in Form gebracht; aus einem unregelmäßigen Brocken wird zunächst einmal ein roher Quader. Ein Steinmetz kann, nach einem Randschlag mit dem Schlageisen, mit Hilfe des Zweispitzes einen Stein seiner endgültigen Form schon recht nahe bringen.

Mit einer Anzahl weiterer Werkzeuge, deren Namen gebietsweise verschieden sind, wird die raue Oberfläche überarbeitet: Da gibt es die Zahnfläche und den Zahnhammer, eine Art doppelseitiges Beil mit gezackter Schneide. Der Spitzer und das feinere Krönel sind Geräte mit Griff und einem „Haus", in dem mehrere, bis zu einem Dutzend Spitzeisen nebeneinander verkeilt sind, die ausgewechselt und neu geschärft werden können, wenn sie stumpf gehauen sind.

Nun geht es an die endgültige Oberflächenbearbeitung: Mit dem Knüpfel und dem Scharriereisen können relativ glatte Oberflächen mit einem feinen Wellenmuster geschaffen werden; es entstehen so die typischen feinrauen Sandsteinoberflächen. Oft sieht man im feinen Muster stellenweise die tieferen Einschläge des Zweispitzes durchscheinen, das ist gewollt und zeugt von handwerklicher Facharbeit. Der Stockhammer, einem Schnitzelklopfer in der Küche nicht unähnlich, ist für Kalkstein und Granit. Der Hammer des Steinmetzen heißt Fäustel und ist anders geformt als der Maurerhammer; die runden hölzernen Schlaggeräte für die feineren Arbeiten heißen Knüpfel, anderswo Klöpfel. Es sind dies die Schlagwerkzeuge für das Beizeisen für feinere Arbeiten sowie für das Zahneisen, das Schlageisen und das bereits erwähnte Scharriereisen für gröbere Arbeiten. Die gröberen Meißel, Preller und Setzer und das Spitzeisen werden mit dem Fäustel geschlagen. Die Schmiege schließlich ist ein verstellbares Winkeleisen.

Ein Fachmann sieht einem bearbeiteten Stein auf einen Blick an, ob er geflächt, scharriert oder gekrönelt ist. Erst recht sieht er ei-

Eine Auswahl Steinmetzwerkzeuge – von links Stockhammer, Fläche und Krönel – ist im Heimatmuseum Eberbach (Rhein-Neckar-Kreis) ausgestellt.

An dieser Sandsteinmauer, die man in Stuttgart am Fußweg auf der Rückseite des Katharinenhospitals – Verbindungsweg zwischen Jäger- und Seestraße – bewundern kann, haben Steinmetzen Spuren der verschiedensten Oberflächenbearbeitungen geradezu künstlerisch in Szene gesetzt: Kein Stein gleicht dem anderen! Eine handwerklich perfekte Arbeit.

nem neueren Stein an, ob dessen Oberflächen maschinell bearbeitet sind. Heute werden viele Steine zunächst mit der Steinsäge in Form gebracht und dann handwerklich überarbeitet. Die handwerkliche, individuelle „Handschrift" des Steinmetzen ist nach wie vor unersetzlich. Wie vieles neigt auch im Natursteingewerbe das maschinell Hergestellte ein bisschen zur Uniformität.

Rechts: Verwitternder Sandsteinpfeiler einer Ruhebank. In der waagrechten Scharrierung sind die Einschläge des Zweispitzes sichtbar. Die erkennbaren Steinschäden sind typisch: An einem alten, offenen Dübelloch ist Wasser eingedrungen und hat – vor allem im gefrorenen Zustand im Winter – die Oberfläche von hinten her so lange gelockert, bis sie abplatzte.

Links: Ein Sandsteinpfeiler in fachmännischer Bearbeitung: Mit dem Randschlag rechts wurde die Kante genau gearbeitet und anschließend mit dem Krönel die Fläche angepasst.

dem Landesherrn erlaubt, selbst in den bäuerlichen oder Gemeindewäldern. Nicht einmal das Niederwild, Hasen etwa oder auch Vögel, durfte der gemeine Mann erlegen. Dass dennoch mancher Hase im bäuerlichen Kochtopf landete, war nicht zu verhindern. Die Jagd mit lautlosen Fallen ist schlecht zu kontrollieren. Dabei gab es im Wald viel Wild. Es wurde im 17., 18. und frühen 19. Jahrhundert bewusst in Überzahl gehalten, damit die adelige Jagdgesellschaft eine ansehnliche Strecke erlegen konnte. Hirsche, Rehe, Wildschweine, die vom Förster eher gehegt als erlegt wurden, vermehrten sich so stark, dass sie sich im Walde nicht mehr ausreichend ernähren konnten und auf die umliegenden Felder auswichen.

Die Wildschäden – zertrampelte und kahl gefressene Felder – nahmen existenzbedrohende Ausmaße an. Die Bauern und auch der gemeindliche Feldschütz durften die Tiere des Waldes aber nur verjagen, nicht töten. Die Abwehrmaßnahmen zeigten natürlich nur vorübergehend Wirkung. In der nächsten Nacht kamen die hungrigen Tiere wieder.

In ihren „Zwölf Artikeln" stellten die Bauern schon 1525 im Bauernkrieg ihren Kummer dar und forderten Änderung: „Zum vierten ist bisher im Brauch gewesen, dass kein armer Mann Gewalt gehabt hat, das Wildbret, das Geflügel oder die Fische im fließenden Wasser zu fangen ... Auch hegt in etlichen Orten die Obrigkeit das Wild uns zu Trotz und zu mächtigem Schaden, weil wir leiden müssen, dass uns das Unsere, was Gott dem Menschen zu Nutz hat wachsen lassen, die unver-

nünftigen Tiere zu Unnutz mutwillig verfressen, und wir sollen dazu stillschweigen ..."

Daran hatte sich bis ins 19. Jahrhundert hinein nicht viel geändert. Und so konnte es nicht ausbleiben, dass der Landmann gelegentlich das Jagdverbot überging und sich an einem Stück Wild schadlos hielt. Ein Wilderer konnte in den Augen der Bauern so schon einmal zum Rächer der Armen, zu einem Helden hochstilisiert werden. Freilich, er riskierte dabei harte Strafen.

Der Verstoß wurde manchmal sogar mit dem Tode bestraft. Und die Förster nahmen den Forstschutz ernst, denn ein Teil der Geldstrafen, die bei Jagdfrevel verhängt wurden, kam ihnen selbst zugute.

Mit dem Schutz des Waldes vor ungenehmigter Ausbeutung und mit der Durchsetzung des herrschaftlichen Jagdverbots hatten die Forstknechte und Förster noch aus einem anderen Grund einen schweren Stand.

Das 17. und 18. Jahrhundert hat viele Kriege gesehen. Die zerrütteten Verhältnisse waren ein guter Nährboden für allerlei Außenseiter der Gesellschaft. Entwurzelte, die keine feste Existenz hatten, ausgediente Soldaten und Deserteure, die keinen anderen Beruf gelernt hatten als das Kriegshandwerk, Ausgebombte und Vertriebene, wie man nach dem Zweiten Weltkrieg gesagt hätte, Bettler und Landstreicher, die an regelmäßiges Arbeiten nicht gewöhnt waren, aber auch Reisehandwerker, Gaukler und Scholaren zogen durchs Land. Man nannte sie Vaganten.

Die Heimat- und Mittellosen fristeten ein kümmerliches Leben und sie kampierten gerne in Wäldern. Denn in großen Waldgebieten waren sie schwerer zu entdecken und zu verfolgen. Der Forst bot ihnen Tarnung und günstige Fluchtmöglichkeiten und durch Wilderei auch Nahrung. Vielfach schlossen sich Vaganten auch zu Banden zusammen, um ihre Diebereien und Betrügereien, Raub und Mord gemeinsam effektiver ausüben zu können.

Zahlreiche Verordnungen und Patente der Behörden zur Eindämmung des Bandenwesens in der ersten Hälfte des 18. Jahrhunderts fruchteten wenig. Die Hilflosigkeit der Behörden spiegelt sich noch in der „General-Verordnung, die Polizei-Anstalten gegen Vaganten und andere der öffentlichen Sicherheit gefährliche Personen betreffend" vom 11. September 1807 wider. Darin ist in Paragraph 42 vorgeschrieben, Warntafeln an den Grenzen aufzustellen, die auswärtige Bettler und Landstreicher vom Übertritt auf das Territorium Württembergs entweder abhalten oder sie immerhin auf die Beachtung der hier geltenden Vorschriften hinweisen sollten.

Meist wurden die Vaganten nur ins benachbarte Ausland getrieben. Berüchtigt war nach 1781 der „Wiener Schub", wo die (vorder-)österreichischen Behörden regelmäßig im Sommer und im Herbst in einer konzertierten Aktion solches Gesindel einsammelten und dann über die Landesgrenze abschoben.

Die Grenze zum Ganoventum war bei diesen Entwurzelten rasch überschritten: Man überfiel Bauern und Händler und raubte sie aus. Der Vogtstein im Schönbuch kündet von dem Bauern Bernhard Vogt, der in Tübin-

gen Ochsen verkauft hatte und der auf dem Rückweg, am 18. Januar 1813, unter die Räuber gefallen war, die ihm den Verkaufserlös abnahmen. Das war ein stattliches Sümmchen, von dem ein Tagelöhner damals mehrere Jahre hätte bescheiden leben können.

Es waren schlechte Zeiten damals, im noch jungen Königreich Württemberg. Die Bevölkerung war gewachsen. Die Wirtschaft, fast ausschließlich auf der Landwirtschaft fußend, war krisenanfällig. Nach Missernten wie der von 1816 explodierten die Lebensmittelpreise bis auf das Fünffache, sodass sich Minderbemittelte kaum mehr etwas zum Essen leisten konnten. Viele hungerten, manche starben, andere wanderten aus. Da scherte sich mancher nicht um Moral und Gesetz. Mundraub war für viele überlebenswichtig, denn ein „soziales Netz" mit Arbeitslosengeld und Sozialhilfe gab es damals nicht. In Zeiten der Not und großer gesellschaftlicher Umwälzungen nehmen Gewalttaten und Akte des Faustrechts zu.

Aber natürlich gibt es nicht nur Mord und Totschlag im Walde. Auch von Unglücksfällen mit tödlichem Ausgang berichten Gedenksteine im Schönbuch.

Holzfäller leben gefährlich, das war schon immer so. Einer wurde von einer fallenden Eiche am 8. Januar 1856 erschlagen, wie der Martin-Stein erzählt. Einen Unterförster hat der Blitz getroffen, wie auf dem Gaus-Stein zu lesen ist. Pech hatte ein Forstwächter in Unterjesingen, der am 29. März 1883 mit der Beute beladen von der Wildschweinjagd zurückkehrte. Er rutschte aus, sein Gewehr ging los, und der Schuss traf ihn ins Genick. So steht es auf dem Hausch-Stein. Den Freiherrn von Tessin tötete eine Kugel, als er mit einer Jagdgesellschaft durch den Wald ritt. Sein Hintermann blieb mit dem Gewehr an einem Ast hängen, worauf sich ein Schuss löste.

Erinnerungen an die letzten Wölfe

Bis ins 19. Jahrhundert hinein waren Wölfe gefürchtete Tiere. Sie rissen Schafe, drangen im Winter in Ställe, ja sogar in Wohnhäuser ein und holten sich in Gehöften Hofhunde von der Kette. Zeiten, in denen sie intensiv bejagt wurden und deshalb selten waren, wechselten mit Zeiten, in denen sie sich ausbreiteten und zu einer Plage wurden. Aus den Jahrzehnten nach dem Dreißigjährigen Krieg wird berichtet, dass Wölfe in unseren Wäldern regelrecht heimisch waren. Offenbar konnten sie sich in der Kriegs- und Nachkriegszeit, als infolge der Bevölkerungsreduzierung einst bewirtschaftetes Land großflächig zu Wald wurde und es viel verendetes Vieh gab, stark vermehren. Zwischen 1639 und 1678 wurden von württembergischen Jägern und Forstknechten 4000 Wölfe erlegt, und sicher haben die Bauern zahlreiche weitere Tiere getötet. Dies war übrigens nicht verboten, der Wolf galt als bannfrei und durfte im Gegensatz zu Rehwild von jedermann erlegt werden. Nicht nur die Landbevölkerung hatte unter Wölfen zu leiden, in kalten Wintern kamen die Raubtiere sogar auf

Nahrungssuche in die Städte, wie 1649 aus Schwäbisch Hall berichtet wird.

Der Bauer auf dem Land hatte kein Gewehr, er musste dem Wolf mit anderen Mitteln beikommen, wenn die Jagdherrschaft nicht genügend Schutz bot. Deshalb legte man Giftköder aus, spannte stabile Netze über Wechsel oder baute Fallen, so genannte Wolfsgruben. Diese verursachten schon einen gewissen Aufwand: Mehr als drei Meter tief musste eine Wolfsgrube sein, im Durchmesser ebenfalls drei Meter, und die Wände mussten glatt sein, damit das Tier keine Fluchtmöglichkeit hatte. Nur in seltenen Fällen konnte man derartige Gruben graben, ohne dass die Wände befestigt werden mussten. Senkrecht gestellte Bretter dienten als Stütze, oben darüber kam eine Konstruktion mit klappbaren Brettern oder Weidengeflecht. Mit einem toten oder lebendigen Tier, dem so genannten Luder, wurde der Wolf angelockt, und zwar so, dass er auf die Grubenabdeckung springen musste. Wie oft das Fangen gelungen ist und wie oft ein Wolf mit dem Luder auf und davon ist, wird nicht berichtet, aufregend aber dürfte der Fang immer gewesen sein – und dies nicht nur für das Locktier! Saß der Wolf in der Grube fest, wurde er mit Steinen traktiert und getötet oder aber mit der Wolfsgabel festgehalten und in einem Käfig abtransportiert. Es hat offenbar Fälle gegeben, in denen man den Unhold der Bevölkerung der Stadt am Pranger gezeigt hat, bevor man ihn tötete.

Die Wolfsgruben sind natürlich längst nicht mehr intakt. Wo sie nicht zugeschüttet wurden, sind sie von allein zusammengebrochen und heute mit Laub und Erde gefüllt. Hin und wieder sieht man in den Wäldern Vertiefungen, manchmal mit Wasser gefüllt, und steht vor der Frage, ob es sich um eine natürliche Vertiefung, eine Doline, oder vielleicht um den Rest einer Wolfsgrube handelt. Nur selten sind die alten Standorte überliefert. Wie viele Wolfsgruben es einst gegeben hat, ist unbekannt, man kann aber davon ausgehen, dass es in wolfreichen Gegenden Dutzende waren, vornehmlich sicher an Stellen, an denen man öfter Wölfe gesehen hatte. Auf bewaldeten Anhöhen sollen sie sich gerne aufgehalten haben und in der Nähe von Wegen und Wegkreuzungen, so ist in zeitgenössischen Berichten zu lesen. Im Württembergischen hat man von rund hundert Wolfsgruben mehr oder weniger sichere Kenntnis, manchmal allerdings allein aufgrund von Flurnamen.

Eine Wolfsgrube, die man sicher kennt und die man noch sehen kann, gibt es auf der Höhe über dem Jagsttal bei Krautheim (Hohenlohekreis) an der Markungsgrenze gegen Schöntal-Marlach. Sie ist erhalten geblieben, weil sie ausnahmsweise keine Holzverschalung, sondern gemauerte Wände besitzt – es handelt sich hier also um eine Art Luxusausführung. Um 1990 wurde die Grube ausgegraben und wiederhergestellt. Ob man in ihr erfolgreich Wölfe erlegt hat, ist nicht überliefert, ebenso wenig, weshalb man gerade an dieser Stelle den Aufwand der Ausmauerung betrieben hat.

Ähnliche Wolfsgruben, auch in gemauerter Form, gibt es im Raum Creg-

Die ehemalige Wolfsgrube bei Krautheim (Hohenlohekreis) in renoviertem Zustand.

lingen (Main-Tauber-Kreis) und bei Neuhausen-Hamberg (Enzkreis).

Es ist merkwürdig, dass sich der letzte Wolf in Württemberg nicht in ein großes Waldgebiet wie den Schönbuch zurückzog, sondern dass man ihn im Stromberg geschossen hat. 1845 trieb sich das Tier im Raum Ditzingen-Heimerdingen (Landkreis Ludwigsburg)

herum und holte manches Schaf aus dem Pferch. Man nimmt an, dass es aus den Vogesen oder aus Lothringen zugewandert war, dort gab es bis um 1900 Wölfe als Standwild. Trotz aller Bemühungen des Jagdpersonals konnte der Wolf zunächst nicht erlegt werden. Sein Jagdrevier war groß, Schäden wurden kurz nacheinander aus Hohenhaslach, Mühlacker, Leonberg, Tamm und Ludwigsburg-Eglosheim bekannt. Die Entfernungen zwischen den genannten Orten sind beträchtlich, aber Wölfe legen bei Nacht oft große Strecken zurück. Im August 1846 tauchte das Tier in Schützingen und Zaisersweiher bei Maulbronn (Enzkreis) auf; es riss dort ein Dutzend Schafe. Im Januar 1847 überfiel es eine Herde bei Tamm – es sollte das letzte Mal gewesen sein.

Die Forstämter hatten genaue Anweisungen bekommen. Dem erfolgreichen Jäger wurden zunächst 15, später sogar 75 Gulden Lohn versprochen. Es gab in der weiteren Umgebung etliche Wolfsgruben, das Tier ließ sich aber damit nicht fangen.

Der 10. März 1847 war ein günstiger Tag für die Jagd: Es lag leichter Schnee im Wald, und man hatte den berüchtigten Wolf schon Tage vorher bei Hohenhaslach und Spielberg (heute Stadt Sachsenheim, Landkreis Ludwigsburg) flüchtig zu Gesicht bekommen. Das Forstamt Bönnigheim ordnete eine Treibjagd an, Boten brachten bald acht Schützen und über 100 Treiber zusammen. Die Jagd war erfolg-

Der Wolfstein im Strombergwald (zum Gemeindegebiet Güglingen gehörend, Landkreis Heilbronn).

reich: Zwei Schüsse wurden abgegeben, verfehlten aber das Ziel. Waldschütz Sorg aus Eibensbach sollte der glückliche Gewinner der 75 Gulden sein. Ihm lief der Wolf auf 25 Schritt vor die Flinte. 150 Schritt lief das Tier noch in eine Kiefernkultur, die man schnell umstellte; dort sah man ihn schließlich verenden.

Gleich darauf brachte man den Wolf nach Bönnigheim, stellte ihn zunächst im Gasthaus Krone zur Schau, um ihn noch am selben Tag ins Naturalienkabinett nach Stuttgart zu bringen. Dort, im heutigen Staatlichen Naturkundemuseum Schloss Rosenstein, steht er heute noch.

An der Stelle im Wald, wo die Treibjagd zum Erfolg führte, zeugt heute der Wolfstein von dem Ereignis. Ein gut ausgebauter Waldweg führt daran vorbei; auf einer Wanderung von Sachsenheim-Spielberg auf die Stromberghöhe zur Pfeifferhütte ist er nicht zu verfehlen. 1969 wurde das Denkmal aufgestellt und erinnert an Zeiten, in denen es nicht ratsam war, ohne Stock oder Knüppel im Wald spazieren zu gehen.

Gedenkstein für einen Zwanzigender

Steinernes Halali für einen Hirsch

Das Jagen ist ein Urinstinkt des Menschen und hat ihm in der Altsteinzeit das Überleben ermöglicht. Schon lange aber ist es nur noch das Privileg weniger. Die Jagd gehörte zur adeligen Lebensform. Der gemeine Mann hatte kein Jagdrecht. Um die Ernährung sicherzustellen, geht heute keiner mehr auf die Jagd. Gewiss ist es ein angenehmer Nebeneffekt, einen schönen Rehrücken heimzubringen, der eigentliche Reiz aber liegt im Jagen selbst, in der Lizenz zum Töten. Der Jäger auf der Pirsch sieht sich im Zweikampf mit dem zum gleichwertigen Gegner hochstilisierten Tier, gegen das er Sieger bleibt. Im Laufe der Jahrhunderte haben sich für diese Beziehung besondere Formen des Umgangs, manche Bräuche und eine eigene Sprache entwickelt.

Dem ritterlich-höfischen Bild vom noblen Gegner entsprechen am ehesten die kapitalen Hirsche, die stärksten, größten und edelsten Wildtiere, die es in unseren Wäldern gibt. In ausgedehnten und nahrungsreichen Waldgebieten wie dem Schönbuch „stehen" nach Gewicht und nach Form und „Auslage" des Geweihs stattliche Tiere. Mindestens 14 Enden – also Geweihspitzen – muss ein kapitaler Platzhirsch haben. Seinem Geweih wohnt Symbolkraft inne.

Württemberg hat die Hirschstangen im Wappen. Der Kopfschmuck des Hirsches ist wie die Krone beim Fürsten ein Zeichen für Würde und Rang. Hierarchien hier wie dort. Nur Standespersonen durften auf die Zwanzigender anlegen, keinesfalls der Revierförster. Der hatte solche Ausnahmepersönlichkeiten in seinem Wildbestand nach Stuttgart zu melden. In den 80er-Jahren des 19. Jahrhunderts äste ein besonders seltenes Exemplar im Revier Entringen. Erst als Constantin Sebastian Freiherr von Neurath 1890 von König Wilhelm zum Hofjägermeister ernannt worden war, geruhten seine Majestät, das strikte Abschussverbot für den kapitalen Hirsch aufzuheben. Am 19. Dezember 1890 fand die Treibjagd bei Herrenberg statt, bei der Freiherr von Neurath das Prachtexemplar erlegte.

Der Hirsch war ein ungerader Zwanzigender, das heißt, er hatte 19 Geweihspitzen, an einer Stange aber zehn. Und er hatte – eine Laune der

Gedenkstein für einen kapitalen Hirsch im Herrenberger Stadtwald (Landkreis Böblingen). Unten hat sich der stolze Jäger in einer Inschrift verewigt.

Natur – drei Geweihstangen. Der Hofjägermeister – er blieb es übrigens
nicht lange – empfand das Abschuss-
privileg als besondere Ehre. Und als
die Hifthörner erklangen und die
Strecke begutachtet wurde, waren
Freude und Stolz des adeligen Nimrod
groß.

Zur Erinnerung an den edlen
Hirsch, aber auch an den prächtigen
Blattschuss des Hofjägermeisters, ließ
der glückliche Jäger ein Denkmal setzen – ein steinernes Halali für den kapitalen Hirsch. Der Hirschstein im Herrenberger Stadtwald steht direkt am
Hirschsteinsträßle. Der Sandsteinblock
ist 1,3 Meter hoch und trägt als Relief
das ungewöhnliche Geweih und eine
Inschrift. Der Baron von Neurath, Herr
auf Kleinglattbach, selbst ein beschei-
dener und doch großzügiger Mann,
war ein begeisterter Jäger. Er ver-
brachte alljährlich seinen Jagdurlaub
im Schönbuch, wo er in der Kohl-
hauhütte mit wenigen Bediensteten
nächtigte.

Dem Brauch, dem erlegten Hirsch
einen Gedenkstein zu setzen, war im
Schönbuch bereits 1815 Graf Franz
Karl von Erbach, ein Jugendfreund König Friedrichs (des Dicken), gefolgt, als
er in der Hirschbrunft im Wald von
Weil im Schönbuch einen Sechzehn-
ender erlegte.

Es war am 27. Oktober, 6.30 Uhr in
der Früh, auf dem Holzapfelplan. Dem
Revierförster Becker, der ihn auf der
Pirsch führte, schenkte der Graf eine
neue Kugelbüchse mit silbernem Be-
schlag und der Widmung „Mein Dank
Dir, die Freude mir". Und selbst beim
Jägerburschen, der ihm das Tier zuge-
trieben, hat sich der Graf noch fürstlich

bedankt. Der erhielt zwei Louisdor. Davon konnte ein Tagelöhner anderthalb
Monate leben.

Die Böblinger Pürschgänge
Kommodes Anschleichen an Hirsch und Reh

Bis vor anderthalb Jahrhunderten war
es keinesfalls immer so, dass, wer
einen Wald besaß, darin auch Jäger
sein durfte. Erst 1849 trat in Württemberg ein Gesetz in Kraft, das es freien
Bürgern erlaubte, auf eigene Rechnung
die Jagd im eigenen oder im Gemein-
dewald auszuüben. Das Gesetz hatte
die Abschaffung des Jagdrechts auf
fremdem Grund und Boden zum Inhalt.
Alle Jagdhoheit oder der „Wildbann"
hatte nämlich jahrhundertelang
zunächst dem König allein und seit
dem 13. Jahrhundert zunehmend auch
den Territorialherren zugestanden.
Und die nutzten ihr Recht fleißig. Die
Trennung von Besitz und Recht, im
Mittelalter häufig anzutreffen, führte
zum Beispiel dazu, dass die Grafen von
Württemberg im Ausland jagen durften, ohne dass ihnen das der betreffen-
de Landesherr verbieten konnte.

Die Jagd, ob als Hetzjagd mit Hun-
den, als Treibjagd mit Menschen oder
auch als Beiz mit Greifvögeln, war Bestandteil adeliger Lebensform. Es ging
dabei, wie schon erwähnt, nicht so
sehr um den Nahrungserwerb, etwa
darum, die Tafel des Herrn abwechs-
lungsreicher zu gestalten, sondern es
war eine Art von Sport oder ein gesellschaftliches Ereignis, das heute noch in
der so genannten Diplomatenjagd fort-

Zugemauert ist seit einigen Jahren der nördliche Eingang der Pürschgänge an der Planklinge. Wegen der Einsturzgefahr wäre das heute nicht mehr nötig, denn kurz hinter dem Eingang und in weiten Teilen ist der aus Quadern gemauerte, überwölbte Gang eingebrochen und offen. Auf den Erbauer und das Baujahr 1737 weist eine kaum mehr lesbare Tafel rechts des Eingangs hin.

lebt. Richtig waidmännisch ging es bei der Jagd nicht immer zu. Manchmal handelte es sich dabei auch um ein übles Abschlachten der Tiere, nach dem Motto: Je mehr, desto besser.

Für ihr Hobby haben die Menschen meist viel übrig. Und so haben auch die Landesherrn, kleine und große Fürsten, für die Jagd viel Geld ausgegeben. In großen Forsten wurden Jagdschlösser erbaut, nur damit die Jagdgesellschaft vor Ort untergebracht werden konnte. Jagdpavillons wurden errichtet, eigens Hundezwinger geschaffen, wo die Leit-, Hatz- und Schweißhunde gehalten wurden. Jagdstände, Zäune und viele bäuerliche Treiber, die zu den Jagdfronen verpflichtet waren, machten viele Umstände und verursachten beträchtliche Kosten. Davon abgesehen sahen sich die Jagdhelfer vor den Flinten auch einem beträchtlichen Risiko ausgesetzt. Denn damals streuten die Büchsen mehr als heute …

Einen großen Aufwand für die Jagd betrieben auch die Herzöge von Württemberg im 18. Jahrhundert. Von Herzog Carl Eugen ist überliefert, dass er für eine vier Tage dauernde Hofjagd 60 000 Gulden, nach heutiger Kaufkraft rund fünf Millionen Mark, ausgegeben hat. Die Jagdleidenschaft der Württemberger war bekannt. Sie haben ihrem Wappen mit den drei Hirschstangen alle Ehre gemacht.

Im Böblinger Stadtwald ließ ein Herzog eine in Süddeutschland einzigartige Anlage bauen: die Pürschgänge. Sie liegen auf dem so genannten Plan östlich der Stadt, einem bekannten Brunftplatz der Hirsche, und südlich davon, entlang dem Bach in der Kastenklinge. Die Pürschgänge sind mannshohe, mit Quadersteinen gemauerte, gewölbte unterirdische Gänge, die durch Mauerschlitze im Abstand von etwa zwei Metern Licht und Luft erhielten. Der Boden war mit Sandsteinplatten belegt. Die Innenmaße der Gänge: Zwischen 1,85 und 2,17 Meter hoch und 1,10 bis 1,25 Meter breit.

Die Pürschgänge hatten im Norden, in der Planklinge, und im Süden, in der Kastenklinge, einen rund überwölbten, gemauerten Eingang. Der Gang dazwischen war 442 Meter lang mit einer mindestens 150 Meter langen Abzweigung nach Osten, von der wiederum ein etwa 30 Meter langer Stichgang nach Süden wegführte. Der größte Teil der Pürschgänge ist eingestürzt, aber im Gelände als Graben noch zu verfolgen. Dies gilt auch für den gut 250 Meter langen Pürschgang, der dem Bach in der Kastenklinge an seinem

Südufer folgt. 1986 sind die noch erhaltenen Gewölbeteile und das Gelände saniert worden. Sie liegen heute außerhalb des militärischen Sperrgebiets und sind frei zugänglich.

Eine Bauinschrift am Eingang in der Planklinge informiert darüber, dass Herzog Karl Alexander „zu Wirttemberg und Töckh" die Pürschgänge durch seinen Kammerjunker und Böblinger Forstmeister Carl Magnus von Schauroth 1737 hat bauen lassen. Der Baumeister war Nicolaus Kraft. Der 1684 geborene Karl Alexander, weit gereist und welterfahren, liebte einen aufwändigen Lebensstil. 1733 bestieg er den württembergischen Thron. Die Fertigstellung der Pürschgänge hat er

Wo der Pürschgang nach Südosten abknickt, stand einst wohl eines der Schirmhäuschen, also ein Jagdstand, zu dem der Pürschgang führte.

vermutlich gar nicht mehr erlebt – am 12. März 1737 ereilte ihn der Herztod. Nach seinem Tod ist die aufwändige und einzigartige Jagdanlage kaum genutzt worden und bald zerfallen. Bauern führten die brauchbaren Hausteine zum Hausbau fort.

Wozu haben nun die Pürschgänge gedient? Wie der Name sagt, konnte sich die illustre Jagdgesellschaft durch die Gänge an das äsende und am Bach trinkende Hochwild auf dem Plan und an den beiden Bachläufen heranpirschen, ohne dass die scheuen Rehe Witterung von den Jägern bekamen. Das unbemerkte, lautlose Anschleichen ist bei einer größeren Zahl von Jagdgästen ohnehin nicht einfach. Bei häufig wechselndem Wind, der dem Wild die Witterung zuträgt, wird es noch schwieriger. Erschwerend mag noch

hinzugekommen sein, dass man sich damals in höfischen Kreisen seltener wusch und Körpergerüche lieber kräftig mit Parfüm überdeckte.

Die Pürschgänge haben in den heute nicht mehr vorhandenen „Schirmhäußle" geendet – wie man aus einer Reparaturrechnung weiß. In diesen Häusle oder Jagdständen saßen dann die Weidmänner an, beobachteten das Wild und legten auf die Tiere an. Wechselten die Hirsche den Standort, so konnte ihnen die Jagdgesellschaft durch die Pürschgänge unbemerkt folgen.

Das originelle Denkmal landesherrlicher Jagdkultur, das bald schon in Vergessenheit geriet, ist heute ein eingetragenes Kulturdenkmal von besonderer Bedeutung und steht unter Denkmalschutz.

Rechts: Weinbergmauer mit Treppenaufgang bei Besigheim (Landkreis Ludwigsburg).

KLEINDENKMALE ZU
LANDWIRTSCHAFT UND WEINBAU

Treppauf, treppab

Wengertermäuerle
Ohne Mörtel Stein auf Stein

Der Weinbau ist im mittleren Neckartal, wenn nicht schon seit der Römerzeit, so doch nachweislich seit dem Hochmittelalter zu Hause. Terrassenförmig steigen die Wengert an den Talhängen in den Süd- und Westlagen in die Höhe. Die Weinbergterrassen sind eine Notwendigkeit. Einerseits, um die Steillagen besser bewirtschaften zu können – die Buttenträger müssen dann bei der Lese nicht so weite Wege

gehen, bis sie ihre süße Fracht in den Traubenbottich kippen können. Andererseits ermöglichen Terrassen eine Abflachung der abschüssigen Rebfläche und damit eine Verringerung der Erosionsschäden: Der Regen schwemmt weniger Erde den Hang hinab.

Die Terrassen stützen sich talwärts auf Weinbergmauern, die bei minimalem Verlust an Anbaufläche erhebliche vertikale Geländesprünge erlauben. Wengertermäuerle prägen deshalb das Gesicht der Neckarhänge und können erhaltenswerte Kleindenkmale sein. Sie veranschaulichen mit ihren vielfältigen Erscheinungsformen, wie schwer das Leben der Wengerter in früheren Zeiten gewesen ist und mit welchem körperlichen, aber auch geistigen Aufwand die Probleme des Alltags gemeistert wurden.

Wengertermäuerle wurden früher fast immer von den Wengertern selbst gebaut. Maurer kamen selten zum Zug. Die konnte man sich einfach nicht leisten. So sind die Mäuerle zum Beispiel in der Esslinger Neckarhalde und am Schenkenberg „trocken" gemauert, das heißt, ohne Mörtel (Speis), gelegentlich auch einmal mit Lehm als Bindemittel. Die Steine wurden also nur aufgeschichtet. Trockenmauern zu bauen, die eine gewisse Höhe erreichen und dennoch halten, ist gar nicht so einfach. Fachwissen und Erfahrung sind

Links: Treppenaufgänge in Weinbergen – hier in einem gerodeten Weinberg am Geigersberg bei Sachsenheim-Ochsenbach (Landkreis Ludwigsburg) – verlangen von den Erbauern in der Regel ein großes Können und sind manchmal geradezu architektonische Meisterleistungen.

Links: Eine Scherenstaffel – sogar mit Geländer – und ein Spannbogen (links) finden sich in der Esslinger Neckarhalde.

Unten: In den Weinbergen von Stuttgart-Hedelfingen stößt man auf diesen Spann-bogen. In der gleichen Mauer sind weite-re Bogen Material sparend eingesetzt.

unentbehrlich, wenn das Bauwerk dem Erddruck, dem Wasser und dem Frost standhalten soll.

Beim Bau einer Mauer aus trocken geschichteten Steinen muss auf eine gute und ausreichend tiefe Fundamentierung geachtet werden. Die Natursteine dürfen nicht zu klein und nicht zu unregelmäßig sein. Die Auflagefläche und die seitlichen Anstoßflächen sollen möglichst groß und glatt sein, damit die Fugen klein bleiben und der Halt der Steine untereinander besser ist. Es handelt sich schließlich um eine „Schwerkraftmauer", bei der der Kraftschluss zwischen den Steinen gut sein muss. Läufersteine, die der Länge nach in der Mauer liegen, und Binder, die die Mauer nach hinten mit dem Berg verbinden, wechseln in jeder Steinlage in regelmäßiger Folge ab. Die Läufersteine verhindern ein einseitiges Absacken der Steine. Senkrechte Mauerfugen, die über mehrere Steinlagen ge-

hen, würden den Zusammenhalt des Mauerwerks schwächen.

Eine Trockenmauer braucht zum Schutz vor Wasser- und Frostschäden eine nicht zu schwache Hintermauer aus lockeren Bruchsteinen. Hier kann das Wasser abfließen, kann sich auch das Eis ausdehnen, ohne dass die Vordermauer gesprengt wird. Die Hohlräume zwischen den Bruchsteinen dürfen deshalb nicht mit Erde aufgefüllt werden.

Die Wengertmauer soll einen so genannten Anlauf haben, etwa von zehn Prozent, gemessen an ihrer Höhe. Das heißt: Sie neigt sich um diesen Wert bergwärts aus der Senkrechten, um sich besser gegen den Erddruck stemmen zu können. Der Anlauf ist zwar verschenkte Anbaufläche, aber eben eine Lebensversicherung für die Mauer. Mehr Anlauf würde sie noch sicherer machen, aber eben auch mehr Fläche kosten.

Wenn das Gewicht der Mauer zu gering oder der Erddruck zu groß ist, baucht sich die Mauer aus. Der Fachmann sagt, sie „kalbt". Eines Tages wird sie einstürzen (Esslingen).

Wenn die Trockenmauer dann noch sauber waagrecht geschichtet ist, gerade verläuft und auch gerade Kanten hat, wenn die Ecksteine schwer und auf zwei Seiten behauen sind, dann ist das schon ein kleines Kunstwerk.

Je höher die Weinbergmauer ist – drei Meter sind durchaus zu erreichen –, umso stärker wird natürlich der Schub des Erdreichs. Ist die Mauer zu schwach dimensioniert oder schlampig gebaut, wird sie ausbauchen und bald einstürzen.

Solche „kalbenden" Mauern sind in Weinbergen immer wieder einmal zu sehen. Kundige Wengerter setzen bei Mauern, die höher als anderthalb Meter sind, einen Spannbogen als Verstärkung vor die Mauer. Dieser Entlastungsbogen hat keine Last zu tragen, spart aber Material, denn er hat eine ähnliche Wirkung wie die Verdoppelung der Mauer. Auch dieser halbkreisförmige Bogen braucht keinen Mörtel. Doch müssen die Bogensteine genau passend behauen sein. Bis im Scheitel der Schlussstein eingesetzt wird und sich die Steine dann selbst tragen, wird eine Stützschablone, ein Lehrgerüst benötigt.

Vom Fahrweg führt eine Treppe oder Staffel auf die zwei Meter hohe Wengertmauer und die Rebterrasse. Wollte man die Staffel rechtwinklig zur Mauer anlegen, würde der halbe Weg versperrt. Also ersannen die Wengerter die Lösung, die Staffel mauerparallel zu bauen. Diese Scherenstaffel – sie schneidet in die Mauer ein, schert also die Mauer, daher der Name – hat oft sehr schmale Stufen. Die b'häben Wengerter wollten möglichst wenig Rebfläche für den Grundstückszugang opfern. Der obere Trittstein (Absatz), auf dem eine Richtungsänderung um 90 Grad erfolgt, ist dafür größer, manchmal auch besonders ausgestaltet.

Die wohlgesetzten steinernen Stäfele, die im Wengert steil den Hang hinaufführen, unterteilen die Rebfläche. Dem Wengerter ermöglichen sie einen mühsamen, aber gebahnten Zugang, vor allem aber, „em ra", den sicheren Rückweg, auch mit der Last der vollen Butte auf dem Rücken. Die Treppen haben noch eine Funktion: Sie sind gleichzeitig Wasserstaffeln. Bei Wolkenbrüchen schießt hier das Wasser den Berg hinab, in einer langen Folge von Miniwasserfällen. Die zerstörerische Kraft der Flut wird dadurch gebremst: Die Steinplatten verhindern die Erosion des wertvollen Bodens. Für ihre kunstvollen historischen Trockenmäuerle und den Erhalt dieser Kleindenkmale im Wengert, der durch die traditionelle Bewirtschaftung möglich ist, hat die Weingärtnergenossenschaft Esslingen 1996 den Preis des Schwäbischen Heimatbundes für den Schutz und die Pflege der Kulturlandschaft erhalten.

Rechts: Keine Scherenstaffel ist diese in den Fahrweg hineingebaute Treppe im Wengert Scharrenberg in Stuttgart-Degerloch. Solche Staffeln sind selten und wurden wohl nur geduldet, wenn sie nur ganz wenig Platz brauchten. Gelegentlich ist der Treppenabsatz, wo der Buttenträger eine 90-Grad-Drehung macht, durch einen profilierten, überkragenden Stein besonders breit – so auch hier.

Unten: Bei der Yburg (Kernen-Stetten, Rems-Murr-Kreis) führt diese Platz sparende Scherenstaffel in den Weinberg.

Steile Berge, steile Treppen

Es gibt kaum steilere Weinberge als am Käsberg bei Mundelsheim. Johann Philipp Bronner, der 1837 die Weinberglandschaft des Neckartales beschrieb, schildert eine Begehung des Käsbergs: „Ich bestieg mehrere solcher Treppen, die mir mein Führer als die best erhaltensten und gangbarsten auswählte, und ich muss gestehen, dass ich sie nur mit schauerlichem Gefühle bestei-

gen konnte, indem mir das Halsbrechen immer vor Augen stand. Wie muss erst der Gang auf einer schlecht erhaltenen Treppe seyn, wo mir der Mann oft sagte, da könne ich nicht hinauf kommen, da seyen ‚hauche Trippel‘, d.h. hohe Treppen(stufen). Man kann daraus sehen, mit welcher Beschwerlichkeit die Leute zu kämpfen haben, gegen die nur die Gewohnheit sie unempfindlich macht." Daran hat sich bis heute nichts Wesentliches geändert.

Unterstände in Weinbergen und in der Feldflur
Schutz für den Feld- und Wengertschütz

Hungerleider sind rar geworden. Lebensmittel gibt es bei uns genug. Und wenn sie einmal fehlen, werden sie aus anderen Ländern importiert. Allzu leicht vergisst die Wohlstandsgesellschaft, dass dies früher einmal anders war, zuletzt vor 55 Jahren, wie sich die Älteren erinnern.

Noch im 19. Jahrhundert bestimmten zwei Dinge das Leben der Mittel- und Unterschicht, also der weit überwiegenden Mehrheit der Bevölkerung: die Sorge ums Seelenheil – und vor allem die um Nahrung. „Unser täglich Brot gib uns heute" haben die Menschen im „Vaterunser" inbrünstig gebetet und es wörtlich gemeint, denn

Angesichts dieser Treppen am Käsberg bei Mundelsheim (Landkreis Ludwigsburg) wird die Sorge Johann Philipp Bronners, sich dort den Hals zu brechen, nachvollziehbar.

Mehr als 200 Jahre alt ist dieses schmucklose Häuschen, das bei Nürtingen-Linsenhofen (Landkreis Esslingen) dem Feldhüter Schutz bot. Auf einem Balken ist die Jahreszahl 1781 eingeritzt. Renoviert wurde es 1984, vielleicht auch schon 1880, wie eine weitere Jahresangabe vermuten lässt.

eine ausreichende Versorgung mit Nahrungsmitteln aus dem Umland war nicht immer sichergestellt. Brot ist das Hauptnahrungsmittel gewesen und deckte den Bedarf zu mehr als der Hälfte. Dazu Gemüse, Salat, Obst – was so um Haus und Dorf herum wuchs.

Von daher wird verständlich, wie wichtig die Ernte war. Die Frucht auf dem Halm, Kartoffeln, Kraut und Rüben, das Obst auf den Bäumen und die Trauben in den Weinbergen waren für die Bauern ein kostbarer Besitz, den es zu schützen galt so gut es ging: gegen Wetterunbilden, Wildschäden und diebische Zeitgenossen. Die Gemeinden haben dazu im 17., 18. und 19. Jahrhundert Feld- und Wengertschützen angestellt. Der Feldhüter sollte ein unbescholtener, robuster Mann sein – kein Stubenhocker –, der täglich die Feldmark abging und nach dem Rechten sah. Er hatte hervorragende Ortskenntnis, war Ansprechpartner für die Bauern und Gütlesbesitzer vor Ort. Der Feldhüter achtete auch auf die Grenzsteine, die öfter einmal heimlich verrückt wurden, um den eigenen Besitz

zu vergrößern. Er entdeckte Verstöße gegen die Gemeindeordnung, gegen den Umwelt- und Landschaftsschutz (wie man heute sagen würde). Nebenbei erledigte er noch Aufgaben eines Bauhofmitarbeiters. Er reinigte verstopfte Wasserablaufgräben, füllte Löcher im Feldweg auf, schnitt störende Äste und Hecken zurück, richtete umgefallene Pfähle wieder auf. Der Feldschütz hatte generell für Recht und Ordnung in der Feldmark zu sorgen.

Diebstahl und Verwüstung gab es auch in den Weinbergen. Ganz klar, wer bei unwirtlichem Wetter und niedrigen Temperaturen im Wengert schafft, wer das Jahr durch immer wieder die steilen Stäffele hinaufsteigt und nach dem Rechten sieht, wer viel Arbeit und Zeit in seinen Weinberg investiert, will dann auch etwas davon haben. Diebe, tierische wie menschliche, sind da unerwünscht. Schlimm genug, dass der launische Wettergott einem die Ernte verhageln kann. Dagegen war man früher machtlos. Gegen irdische Störenfriede wusste man sich aber zu schützen.

Der Wengertschütz war sozusagen ein „Zeitangestellter": Er hatte nur in Spätsommer und Herbst zur Traubenreife tätig zu werden. Die Weinberghüter sollten mit Schüssen die Starenschwärme verscheuchen, die hungrig

in die Weinberge einfielen. Auch Wildschweine aus dem nahen Wald mussten sie vertreiben, wenn diese sich an
den Trauben gütlich tun wollten. Ab-
schießen durfte sie der Wengertschütz
freilich nicht. Vor allem aber galt es,
dem Traubendiebstahl zu wehren und
darüber zu wachen, dass während der
Traubenernte alles nach der festgeleg-
ten Ordnung verlief.

Oft war es ein Wengerter, der diese
Aufgabe im Auftrag der Gemeinde und
gegen Entgelt übernahm. Bezahlt wurden diese gemeindlichen Aufseher
nicht gerade üppig: In Steinheim an
der Murr beispielsweise gab es im Jahr

1875 sechs Mark in der Woche. Zum
Vergleich: Ein Tagelöhner erhielt damals 1,80 Mark am Tag. Und der
Weinbergkontrolleur wurde noch selbst
überwacht. Traf man ihn nächtens
nicht in der Hut an, gab's einen emp-
findlichen Lohnabzug. Die Wengertschützen hatten im Herbst also im
Weinberg zu übernachten.

So wie der gemeindliche Vollzugs-
dienst heute hatten die Feldhüter und
die Wengertschützen polizeiliche Befugnisse. Manchmal trugen sie auch eine
Flinte. Wichtige Aufgaben der Feldhut
waren die Verhinderung von Felddieb-
stählen und die Festnahme von Tätern.
Die gemeindlichen Gerichtsakten sind
voll von Fällen, in denen arme Teufel
wegen Mundraubs zu Geld- oder Ar-
reststrafen verurteilt wurden.

24 Stunden Arrest hat 1877 zum
Beispiel ein Mann in Benningen ver-

**Unten: Mustergültig renoviert wurde
1978 dieser Wengertschützenunterstand
am Benning bei Steinheim-Kleinbottwar
(Landkreis Ludwigsburg). In die Mauern
wurden anlässlich der Rebflurbereini-
gung Steine aus den wegfallenden privaten Weinbergmauern eingelassen.**

büßt, weil er sich an Kirschen gütlich getan hatte. Und ein anderer wurde fünf Jahre später mit einer Geldstrafe von drei Mark belegt, weil er sich Fallobst angeeignet hatte. Drei Mark, das klingt heute wenig. Aber dafür musste damals ein Tagelöhner anderthalb Tage arbeiten. Um solchen „Obs-Diebereyen" vorzubeugen, bestimmte eine Gemeindeordnung im Bodenseegebiet 1792 kurz und bündig, dass jeder, der nach dem Betläuten, also nach Feierabend, noch in den Baumgärten angetroffen werde, Strafe zahlen müsse – auch ohne dass man ihm einen Diebstahl nachgewiesen hätte. Da half dann keine Ausrede mehr. Vagabundierendes Gesindel, entlassene Soldaten, Bettler und Hausierer waren damals zahlreich.

Es gab aber auch Klagen über Feldhüter, die ihre Befugnisse überschritten. Umgängliche, gesellige Typen wa-

ren die Feldschützen nicht gerade. Und zimperlich auch nicht. Ihr Eingreifen konnte schmerzhaft sein. Freilich waren die Ertappten auch nicht immer reuige Sünder. Sie wehrten sich mit Gewalt und schreckten auch vor dem Äußersten nicht zurück. Die Tätigkeit des Feldschützen war daher nicht ungefährlich – bis ins 20. Jahrhundert hinein. In Frickenhausen (Landkreis Esslingen) ist der Feldschütz Gottlieb Gneiting am 5. Juli 1919 bei seinem Dienstgang erschossen worden. So steht es auf einem Gedenkstein, der am Waldrand aufgestellt wurde. Gneiting starb durch die Hand von Kirschendieben.

Feldhüter und Wengertschütz waren bei Wind und Wetter, bei Regen, Hagel und Schnee unterwegs. Besondere Überwachungsaufgaben erforderten mitunter auch nächtlichen Einsatz.

Im 18. und 19. Jahrhundert hatten die Gemeinden deshalb ein Einsehen und errichteten an geeigneten Stellen einfache Häuschen, die Schutz vor Unwetter boten und ein Übernachten erlaubten. Die Feld- und Wengertschützenhäuschen sind noch heute im Gemeindebesitz. Sie sind in unterschiedlicher Bauweise errichtet worden: Die einen sind aus Bruchsteinen gebaut, haben einen Fachwerkgiebel und ein Satteldach. Auch ausgeriegelte Fachwerkhäuschen findet man. Etwa zehn Quadratmeter groß sind sie und drei bis vier Meter hoch. Der Boden bestand aus gestampftem Lehm. Der Eingang – meist ohne Türe – wurde traufseitig am Weg gebaut. Auf ein Fenster verzichtete man meist, damit kein Durchzug entstehen konnte. Nachts hat der Feldschütz, wenn er hier auf einem Strohsack nächtigte, mit einer Lampe das Hütteninnere erhellt.

Daneben gab es auch noch andere Konstruktionen. Vor allem in Weinberggegenden überwiegen Unterstände ganz aus Stein, entweder in eine Mauer oder eine Böschung eingelassen oder aber frei stehend. Die Umfassungsmauern baute man aus Bruchsteinen, darüber ein steinernes Gewölbe ähnlich dem einer steinernen Bogenbrücke. In der Wand gab es Nischen zum Abstellen der Petroleumlampe und des Vespers – das war auch schon der einzige Komfort. Meist stehen die Wengertschützenunterstände an markanten Punkten in der Weinberglandschaft: an den Hauptzugangswegen, an Wegabzweigungen, an Stellen, von wo aus man den ganzen Hang überblicken konnte.

Der Feldschutz heute benötigt die Häuschen nicht mehr. Aber Wanderer sind über die Kleindenkmale froh, wenn der Himmel die Schleusen öffnet und das Auto oder das nächste Haus noch weit weg sind. Beim Warten, bis der Regen wieder aufhört, hat man dann Zeit, über die Geschichte nachzudenken. Und man wünscht sich, dass diese kleinen Nutzbauten nicht nur als Zeugen der lokalen Heimat- und Wirtschaftsgeschichte erhalten bleiben. Als Wetterschutz möchte man sie auch heute nicht missen.

Rechts: Steinerne Ruhebank bei Rudersberg-Steinenberg (Rems-Murr-Kreis).

KLEINDENKMALE AN
WEGEN UND STRASSEN

Von Ort zu Ort

Straßenbau

Vom Weg über die Chaussee zur heutigen Fernstraße

Angesichts der heutigen guten Straßen-
verhältnisse ist es überhaupt nicht
mehr vorstellbar, wie vor dreihundert
Jahren die Fernverkehrsrouten und
erst recht die Nebenstrecken ausgesehen haben. Ausgefahrene Wege, bei
schlechtem Wetter grundlos, von zahl-
losen Pferde- und Ochsenhufen mit
Löchern übersät und von eisernen
Radreifen übel zerfurcht, waren die
Regel.

Nicht ohne Grund mied man Fluss-
niederungen und wählte nach Möglichkeit Höhenverbindungen. Die „Hohe
Straße", die der Wasserscheide zwischen Kocher und Jagst folgt, ist ein
Beispiel dafür. In Gegenden, in denen
festes Gestein an der Oberfläche ansteht und wo der Boden in der Regel
trocken ist, zum Beispiel auf der
Schwäbischen Alb, waren die Wege
selbstverständlich besser als in Landes-
teilen mit Mergel- und Tonböden. Im
Keuperbergland müssen die Verbindungen besonders schlecht gewesen
sein, wie viele zeitgenössische Berichte
belegen. Waren die Wege in ebenem
Gelände noch tragbar, so wurden die
Verhältnisse an Steigungen vollends
zur Katastrophe. Was in früheren Jahrhunderten „Handelsstraße" hieß, war
nicht besser als ein heutiger Waldweg.

Erst um die Mitte des 18. Jahrhunderts begann man nach französischem
Vorbild Chausseen anzulegen: Straßen
mit einheitlichem Gefälle, geschotterter
oder gepflasterter, gewölbter Oberfläche und vor allem mit einem guten
Wasserablauf über Straßengräben.

Aus der Zeit vor der „Chaussierung"
sind von alten Wegen und Straßen
vor allem Hohlwege erhalten, sonst
nicht viel. Auf etwas, das in Baden-
Württemberg Seltenheitswert hat, weil
es meist von neueren Straßenbelägen
bedeckt ist, wollen wir hier besonders
aufmerksam machen: auf altes Pflaster
und alte Karrengeleise. Gepflastert
wurden vor allem viel genutzte Weg-
strecken auf weichem Untergrund und
an Steigungen. Möglich war dies nur,
wo Steinmaterial in erreichbarer
Entfernung zur Verfügung stand. Und
so findet man hin und wieder Reste
eines alten „Katzenkopfpflasters" auf
einem Feldweg und kann dann davon

Altes Pflaster mit Radspuren von einem
Karrengeleise an einer früheren Steige
von Öhringen-Michelbach hinauf auf die
Waldenburger Berge (Hohenlohekreis).

ausgehen, dass dieser Weg einst größere Bedeutung hatte und nicht nur der Erschließung von Ackergewannen diente.

Auch Karrengeleise – parallele Rinnen im Abstand von etwa 1,10 Meter im anstehenden Gestein oder auf großen, schweren Pflastersteinen, die in ihrem Erscheinungsbild an heutige Straßenbahngleise erinnern – sind selten erhalten geblieben. Derartige kleine Kulturdenkmale sind etwa bekannt von Wegsteigen am Keuperstufenrand der Waldenburger Berge westlich von Waldenburg, von der alten Schwenninger Steige bei Albstadt-Ebingen oder vom Kniebis bei Freudenstadt, wo man sogar rätselt, ob die geheimnisvollen Rinnen nicht aus der Römerzeit stammen. Die Römer haben nämlich an Alpenpässen, aber auch in Mittelgebirgen,

häufig ihre Straßen mit derartigen Karrengeleisen versehen. Was haben wohl die Straßenarbeiter der Antike gedacht, als sie mit Pickel, Hammer und Meißel Rinnen in Fels und Pflastersteine klopften? Sicher, dass diese Wege nun für alle Zeiten bestens ausgebaut seien ...

Karrengeleise im Wald nahe Freudenstadt-Kniebis. Sie gehören zur alten Straße von Stuttgart über Nagold, Freudenstadt und den Kniebispass in die Oberrheinebene nach Straßburg.

Spurrillen im Fels

Im Wald südlich von Pfahlbronn (Gemeinde Alfdorf, Rems-Murr-Kreis) finden sich an einem Hang, wo der Stubensandstein ansteht, seltsame Spuren auf dem Weg. Es sind bis zu zehn Zentimeter tiefe parallele, aber auch spitzwinklig aufeinander zulaufende Rinnen im Fels. Man nimmt an, dass es sich um eine hierzulande seltene Geleise-

Wahrscheinlich römischen Ursprungs sind diese Überreste einer Geleisestraße bei Pfahlbronn.

Spurbreite von 1,30 bis 1,48 Meter. So ist auch denkbar, dass es sich um eine mittelalterliche Geleisestraße handelt.

Auffällig ist, dass eine Radspur deutlich tiefer ist als die andere. Ist hier (aus Sparsamkeitsgründen) nur die tiefere Rille in den felsigen Untergrund eingemeißelt worden? Die andere Spurrille kann sich dann durch die Benutzung allmählich ergeben haben – im gleichen Maße wie die erste tiefer geworden ist. Bei starrachsigen Karren würde es ja genügen, die Räder nur auf einer Seite sicher in der Spur zu halten, um ein seitliches Wegrutschen des Wagens zu verhindern. Rätsel geben auch die spitzwinklig zulaufenden Rillen auf. Gab es da eine zweite, anders geführte Geleisestraße, die den Hang nicht so steil anging?

straße handelt. Die Fundstelle liegt 300 Meter südlich des römischen Wachtturms im Kreuzbühl. Denn hier verläuft, auf weiten Strecken noch sichtbar, der obergermanische Limes, der die Grenze des Römerreichs bildete. Die Wall- und Grabenanlage war von einem Postenweg begleitet. Genau auf diesem Weg liegen die Spurrillen. Und daher liegt die Annahme nahe, dass sie bereits zur Römerzeit entstanden sind. Eine sichere Datierungsmöglichkeit gibt es freilich nicht.

Geleisestraßen sind vor allem aus den Alpen bekannt. Dort hatten die Römer Lasten auf zweirädrigen Karren übers Gebirge transportiert, die eine Spurbreite von 1,07 bis 1,10 Meter besaßen. Diesen Abstand halten auch die parallelen Spurrillen bei Pfahlbronn. Im Flachland benutzten die Römer aber zweiachsige Fahrzeuge mit einer

Romantische Hohlwege
„Durch diese hohle Gasse …“

Unser Land ist heute von einem System von Autobahnen, Fern- und Regionalstraßen bis hin zu Feldwegen netzartig erschlossen; früher hingegen waren sternförmige Verbindungen von Ort zu Ort mit fächerartigen Abzweigungen in Feldlagen und Wälder typisch. Wo immer es möglich war, wählten unsere Vorfahren die kürzeste Strecke, um ans Ziel zu kommen, während heute – im Zeitalter des Autos – sogar große Umwege über Schnell-, Umgehungs- und Zubringerstraßen in Kauf genommen werden, um einen Ort zu erreichen. Steigungen sind in der vormotorisierten Zeit auf kürzester Distanz in unglaublich steilen Wegführungen überwunden worden. Im Lauf der Zeit wurden die Steigen immer wieder verändert: War ein Weg zu stark ausgefahren, konnte man die Kurven nicht mehr übersehen oder hatte Wasser das Fahren erschwert oder unmöglich gemacht, so hat man daneben eine neue Fahrspur angelegt; oft bestanden sicher auch mehrere Wegführungen nebeneinander. An früheren Albaufstiegen kann man dies genauso sehen wie an Übergängen von den Gäulandschaften in die Keuperberge: Alte, in seltenen Fällen sogar gepflasterte Wege ziehen, oft von Gras und Gesträuch überwuchert, steil den Berg hinauf, teilweise in unmittelbarer Nähe zu den heutigen Straßen, die mit Baggern, Sprengladungen und Stützmauern in die Hänge gelegt wurden, was früher unmöglich war. Da das heutige Straßennetz nur einen Teil der alten Fahrwege einbezieht, gibt es vielerorts alte Wege, die längst ihre

Bedeutung verloren haben und heute einsam, verlassen und vergessen einen Dornröschenschlaf führen.

Im Kraichgau – dieser Landschaft wollen wir uns in diesem Beitrag vorrangig widmen – sind vom Verkehr zwar keine übermäßigen Steigungen zu überwinden, doch haben andere Gründe dazu geführt, dass althergebrachte Wegverbindungen und Straßen aufgegeben worden sind. Löss und Lösslehm, die als meist mehrere Meter mächtige Decken die Kraichgaulandschaft prägen und das vormalige Relief verkleiden, weisen eine Bewandtnis auf, die unseren Vorfahren an den Verkehrsadern zu schaffen machte. Wird nämlich die porige, kapillare, leicht wasserdurchlässige Struktur des Lösses mechanisch – zum Beispiel durch Pferdehufe oder Wagenräder – gestört, gelockert oder verdichtet, nimmt die Wasserdurchlässigkeit stark ab und der

In den weichen Keupermergeln des Schwäbisch-Fränkischen Waldgebirges gibt es eindrucksvolle Hohlwege. Wie viele Karren wurden wohl diesen steilen Weg bei Rosengarten-Sanzenbach (Kreis Schwäbisch-Hall) hinaufgezogen, wie viele Fuhrleute haben hier ihr Zugvieh und sich selbst geschunden?

In den Löss des
Kaiserstuhls einge-
schnittener Hohl-
weg bei Vogtsburg-
Bickensohl
(Landkreis Breisgau-
Hochschwarzwald).

Boden neigt bei Regen zur Abschwem-
mung. So kam es, dass sich selbst bei
relativ bescheidenen Steigungen die
Fahrspuren mehr und mehr eintieften,
bis schließlich Rinnen und Hohlwege,
im Kraichgau „Hohlen" genannt, entstanden. Während in anderem Material, zum Beispiel in Keupermergeln,

Hohlwegböschungen laufend einrutsch-
ten und Probleme bereiteten, bleiben
Wände aus ungestörtem Löss über
Jahrzehnte nahezu senkrecht stehen.
Hat man andernorts die Sohlen viel-
befahrener Hohlwege gepflastert, war
dies im Kraichgau mangels brauchba-
rer, leicht zu beschaffender Steine

kaum möglich und zudem auch nicht unbedingt notwendig, waren die Lösshohlwege doch – im Gegensatz zu den Keuperwegen – nach einer kurzen Zeit des Abtrocknens wieder benutzbar.

Nicht ganz so tief wie am Kaiserstuhl eingekerbte, aber doch ganz erstaunliche Hohlwege kann man im Kraichgau finden. Viele sind heute noch benutzt, wenngleich oft seit langem befestigt als Gemeindeverbindungsstraßen und asphaltierte Hauptwirtschaftswege. Ebenso finden sich unbefestigte Hohlwege, die zum Teil regelmäßig, zum Teil nur noch sporadisch und zum Teil auch gar nicht mehr benutzt werden. In vielen Fällen wurden nämlich – oft im Rahmen von Flurbereinigungsverfahren – neue parallele Wege gebaut. Viele Hohlen sind daraufhin – da „unnütz" – zugefüllt, einplaniert und zu Wirtschaftsland gemacht worden. Manche allerdings sind diesem Schicksal entgangen und dann in den bereits oben erwähnten Dornröschenschlaf verfallen.

Das heißt, so ganz vergessen wurden sie auch wieder nicht, denn hin und wieder machten sich Fahrzeuge auf den Weg zum Hohlwegrand, um dort Abfälle abzuladen. Es ist ganz erstaunlich, welche Mühen sich manche Leute machen, um ihren Bauschutt, ihre ausgebrauchten Hasenställe, alten Fahrzeuge, Fässer und sonstigen Unrat dorthin zu bringen. Nicht nur dort, wo gut befahrbare Wege direkt parallel zu aufgegebenen Hohlwegen verlaufen – nein, auch von benachbarten Äckern aus warf (und wirft) man wagenladungsweise Abfälle die Böschung hinunter! So nimmt es nicht wunder, dass die Bilanz unerfreulich ist: Fast

jede zweite noch existierende Hohle im Kraichgau ist mit Müll, Schutt und Unrat belastet – von den nicht mehr befahr- und begehbaren ist nahezu jede irgendwie beeinträchtigt.

Die Galgenhohle liegt nordwestlich von Kraichtal-Menzingen (Landkreis Karlsruhe) – etwa zwölf Kilometer östlich von Bruchsal – und ist Teil einer alten Verbindung zum Nachbarort Neuenbürg. Einheimische meinen, der Weg sei ein alter „Römerweg", doch heißt es dies von vielen Wegen, ohne dass es beweisbar wäre. Immerhin ist eine übergeordnete Funktion nicht auszuschließen, denn in östliche Richtung zielt der Weg nach Landshausen, Rohrbach und weiter in Richtung Eppingen. Der Name Galgenhohle hängt wohl mit der den Freiherren zu Menzingen früher zustehenden hohen Gerichtsbarkeit zusammen; es ist nahe liegend, dass die Hohle zu einem Richtplatz auf der Anhöhe führte.

Der Hohlweg ist in den flachen Osthang eines typischen Kraichgauhügels eingeschnitten; an der tiefsten Stelle liegt die Lösssohle etwa acht Meter tiefer als die umgebenden Felder. Wie kam es dazu? Sicher wurde der Weg einst auf dem Hügelkamm angelegt, wo es zudem am wenigsten Probleme mit sich sammelndem Wasser gab. Mit der Zeit haben sich dann die Verhältnisse grundlegend geändert: Aus dem exponierten Weg wurde eine unübersichtliche Hohle, die sich im oberen Teil immer mehr eintiefte und unten durch Ablagerungen immer unwegsamer wurde. Verständlich, dass die Bauern schließlich vor etwa zwei Jahrzehnten, nachdem der Hauptverkehr schon lange andere Strecken gewählt hatte, zu-

So sah die Galgen-
hohle bei Kraichtal-
Menzingen (Land-
kreis Karlsruhe) im
Januar 1990 auf
mehreren hundert
Metern Länge aus,
nachdem ein Bag-
ger den Müll zu
Haufen zusammen-
gezogen hatte.

nehmend die Hohle mieden und in der Nähe liegende neuere Wege nutzten.

Müll in großen Mengen wurde in den 80er-Jahren vorgefunden; an eine Beseitigung jedoch war wegen der zu erwartenden Kosten zunächst nicht zu denken. Die der Naturschutzverwaltung zur Verfügung stehenden Mittel könnten selbstverständlich zu sinnvolleren Dingen als zur Müllbeseitigung verwendet werden, doch waren die Beeinträchtigungen schließlich nicht länger hinzunehmen, wollte man den Fortbestand der Hohle nicht aufs Spiel setzen.

So machte man sich Ende des Jahres 1989 ans Werk: Auch wenn an einem nebeligen Novembertag alles grau in grau aussieht, der Anblick der Galgenhohle war erschütternd. Sommerwetter hätte nur den Vorteil gehabt, dass Bäume und Sträucher manches gnädig zugedeckt hätten. Trotz Gummi-

stiefeln war es nicht möglich, die Hohle auf gesamter Länge zu begehen. Haufenweise Schutt in der Wegsohle, Wagenladungen Unrat an den Böschungen, herabgeworfen durch Lücken im Gehölz und regelrechte Schuttkegel bildend. Der Wegeinschnitt glich einer Mülldeponie, wobei Hausmüll und Bauschutt überwogen. Vom Kinderwagen bis zum Grabstein – alles hatte dort seinen Platz gefunden! Neben einem Weidengeflecht-Kinderwagen aus den 50er-Jahren lagen durchgerostete Regenwassertonnen, Kanister und Fässer; ein Elektroherd befand sich in Nachbarschaft zu Frühbeetfenstern, Baumstümpfen, Badfliesen und alten Elektroinstallationen.

Die Böschungen der Galgenhohle sind bis auf kurze offene Abschnitte dicht bewachsen. Die Baumschicht wird vorwiegend aus Walnussbäumen, Vogelkirschen, Robinien, Eschen und

Eichen gebildet; in der Strauchschicht finden sich vor allem Schlehen, mächtige Weißdorne, Liguster und Holunder. Erwähnenswert sind einige Dachsbauten, deren Eingänge sich an den Böschungswänden und – kurioserweise – als metertiefe Löcher in den umgebenden Feldern finden.

Ein Belassen des Mülls war undenkbar, ebenso das Abfahren auf eine gemeindeeigene Erddeponie. Der größte Teil musste daher auf die Kreismülldeponie gebracht werden, nur Steine (Fenstergewände, Grabsteine usw.) konnten in der Hohlwegsohle vergraben werden. Im Dezember 1989 rückten also Bagger, Laderaupe und Lastwagen an; zuvor hatten Gemeindearbeiter den

Maschinen mit Motorsägen freie Bahn geschaffen, ohne jedoch den Baum- und Strauchbewuchs an den Böschungen zu beeinträchtigen. Langsam drang der Bagger in die Hohle vor und fraß sich durch die Müllhaufen, zog die Schuttkegel von den Böschungen und übergab das Material der Laderaupe, die den Transport auf den am Hohlwegeingang

Oben: Die Rennweghohle bei Zeutern, einem Ortsteil von Ubstadt-Weiher (Landkreis Karlsruhe), war nicht der einzige Hohlweg im Kraichgau, der mit Müll zugefüllt worden ist und so aussah. Das Bild zeigt sie in den 1960er-Jahren.

Links: 1991 wurden hier von der Naturschutzverwaltung viele Tonnen Müll beseitigt, seitdem ist die Idylle wiederhergestellt und die Rennweghohle präsentiert sich nun als einer der schönsten Hohlwege im Kraichgau.

stehenden Lastwagen übernahm. Tagelang sah die Hohle wie ein großer Müllhaufen aus – immer neue Ladungen Unrat brachte der Bagger unter Reisig- und Strohhaufen hervor. Rund 50 Lastwagen Müll wurden auf die Deponie gefahren. Nach den Grobarbeiten glättete der Bagger die Hohlwegsohle und brachte die Böschungen, soweit nicht senkrechte Lösssteilwände da waren, in Ordnung.

Ob man nun Hohlwege den Kleindenkmalen zurechnen soll oder nicht, mag strittig sein – unstrittig hingegen ist, dass Hohlwege zu den charakteristischen Bestandteilen unserer Landschaft gehören und deshalb Denkmalwert besitzen!

Chausseebau im Land
Die Autobahnen des 18. und 19. Jahrhunderts

Die moderne Gesellschaft verdankt ihre große Mobilität nicht nur der Erfindung des Fahrrads, der Eisenbahn und vor allem des Autos. Ohne geeignete Trassen und Straßen würden sich die Fahrzeuge über unbefestigte, morastige Fahr- und Feldwege quälen. Mit der vielgerühmten Mobilität wäre es da nicht weit her.

Den Straßenbau im Land hatten die Römer eingeführt, besonders aus militärischen Gründen. Truppen sollten rasch von einem Ende zum anderen des großen Weltreichs gelangen können. Die Römer schufen die *via strata,* einen mit Steinschichten unterschiedlicher Größe kunstvoll gebauten Weg, der eben, geradlinig und allwettertaug-

lich war. Flankierende Straßengräben leiteten das von der gewölbten Straßenoberfläche abfließende Regenwasser ab. Das Mittelalter hat die römische Kunst des Straßenbaus wieder verlernt.

Der Bau befestigter Straßen lebte dann zu Beginn des 18. Jahrhunderts während des Spanischen Erbfolgekriegs wieder auf. Wieder aus militärischen Gründen. Im ganzen 18. Jahrhundert ist Frankreich im Straßenbau führend gewesen. Ludwig XIV. hatte die besten Genie-Offiziere – also Pioniere, Vermesser, Ingenieure – im Militärdienst. Sie bauten geradlinige Kunststraßen mit Steinunterlage, einem leicht gewölbten Straßenkörper, der von Straßengräben und Schatten spendenden Bäumen flankiert war. Die neuen Chausseen – das Wort wird von *via calciata* hergeleitet (wobei *calciata* nicht von *calx* = Kalk, sondern von *calciare = mit den Füßen treten, stampfen, kommen soll) – haben östlich des Rheins Eindruck gemacht und sind dort nachgeahmt worden. Zweifellos hat auch der Ausbau des Postwesens und der vermehrte Einsatz von Postkutschen, die für das flotte Fortkommen höhere Ansprüche an den Straßenzustand stellten, zum Bau von befestigten Kunststraßen beigetragen.

„Im Fränkischen Kreis machte Hohenlohe Kirchberg den Anfang mit dem Chaussee-Bau, hier auf dieser Stelle 1753", liest man auf einem dreiseitigen, spitz zulaufenden und kugelbekrönten Denkstein bei Kirchberg an der Jagst. Zwei Steinbänke begleiten den Stein, der an der Straßengabelung Lendsiedel – Eichenau unterhalb des Sandbuck steht. Auf der Südseite weist der Stein den „Weeg nach Crailsheim

An den Beginn des Chausseebaus im Hohenlohischen erinnert dieser Denkstein bei Kirchberg/Jagst. (Landkreis Schwäbisch-Hall)

und Rothenburg", auf der Westseite den „Weeg nach Langenburg und Gerabron". Auf dieser ersten Kunststraße im Hohenloher Land, die Schwäbisch Hall mit Rothenburg ob der Tauber verband, verkehrte von 1755 an regelmäßig eine Postkutsche der Reichspost.

Schon zwei Jahrzehnte früher, 1733, hatte Baden mit dem Chausseebau begonnen. Württemberg folgte 1738/39, nachdem die Landschaft – so wurde der Landtag damals genannt – aus finanziellen Gründen lange Zeit das Vorhaben gebremst hatte. Daher erfolgten in Württemberg die ersten Straßenbauarbeiten durch örtliche Fronarbeiter unter der Bauleitung von Militäringenieuren. Erst nach 1750 ist der Chausseebau durch Steuern finanziert worden, wie dies bei Bund und Ländern noch heute üblich ist. Um diese Zeit begann auch in Vorderösterreich der Bau von Kunststraßen.

Für die Sicherheit von Weg und Steg zu sorgen war schon im Mittelalter eine landesherrliche Aufgabe gewesen. Man dachte dabei aber zunächst mehr an Maßnahmen zur Verhinderung von Raubüberfällen und Mord. Gründe der Repräsentation und der Bequemlichkeit der höfischen Gesellschaft standen dann vielfach am Beginn des geradlinigen Alleenbaus. Nicht zufällig nehmen

die neuen Kunststraßen ihren Ausgang von den Residenzen.

Danach wuchs dem Chausseebau seine große Bedeutung bei der Verbesserung der Infrastruktur zu – vergleichbar dem Autobahnbau heute. Allerdings verzögerte die Zersplitterung der Territorien in Süddeutschland die Anlage von Fernstraßen, da jeder Landesherr primär eigene Bedürfnisse im Auge hatte und die Fortsetzung der Straße jenseits seines Hoheitsbereichs nicht gewährleistet war.

Das änderte sich dann zu Beginn des 19. Jahrhunderts. Nach der Übernahme der „Post- und Kommerzienstraßen" in den neu erworbenen Gebieten besaß Württemberg um 1810 insgesamt 1892 Kilometer Kunststraßen, die nun Staatsstraßen genannt wurden. Ihr Bau und ihre Unterhaltung wurden im ganzen Königreich vereinheitlicht. 1787 war das Chausseenetz im Herzogtum erst 286 Kilometer lang gewesen. Angesichts der erheblichen Bau- und Unterhaltskosten einer Chaussee hatte man in Württemberg 1772 den Wegezoll, das Chausseegeld, eingeführt – vergleichbar der Autobahnmaut heute. Für die Strecke einer Wegstunde musste pro Pferd (Reitpferd oder Zugpferd) ein halber Kreuzer gezahlt werden. Die Taxe war an Chausseehäuschen angeschlagen. Vom „Hochgräflich Hohenlohisch Kirchbergischen Zoll" sind die detaillierten Mautgebühren von 1755 an einer Brücke über die Heppbach an der

Zahlreiche Entfernungsangaben und der Wegzolltarif sind auf diesem Stein bei Lendsiedel (Stadt Kirchberg/Jagst, Landkreis Schwäbisch Hall) abzulesen.

Straßenbaudenkmal in Aglasterhausen
(Neckar-Odenwald-Kreis). Der Text im
Sockelstein heißt (in der Übersetzung):
„Carl Theodor, dem Kurfürsten der Pfalz,
Herzog von Bayern, der den Bau dieser
Straße zur Hebung des Handels veranlas-
ste, errichtet dankbaren und ergebenen
Sinnes diesen Gedenkstein die Stüber
Cent, im Jahre des Herrn 1782."

Straßenbaudenkmal bei Tauberbischofs-
heim-Dienstadt (Main-Tauber-Kreis).
Auch wenn man solche Denkmale heute
sicher gegenüber den Rechnungsprüfern
rechtfertigen muss, so ist es doch – auf
längere Sicht gesehen – ein schöner
Brauch, auf besondere Baumaßnahmen
mittels Kleindenkmalen hinzuweisen.

Straße Lendsiedel–Dörrmenz erhalten.
Auf einem kugelbekrönten Denkstein,
der an den Flanken Entfernungsangaben in Stunden aufweist und deshalb
einst frei gestanden haben muss, sind
als Tarif (Taxa) des „Weeg und Brücken
Gelds" vermerkt:
2 ½ Kreuzer pro Pferd oder Ochse vor
einem schweren Fuhrwerk, 2 Kreuzer
bei einem gewöhnlichen. Für ein Pferd
vor einer Kutsche oder Chaise sind
1 ½ Kreuzer, vor einem Karren 1 ½
Kreuzer zu entrichten. Für jeden „Reü-
tenden" ein Kreuzer.

Der Chausseebau war aufwändig:
Auf einer dammartigen Trasse, links
und rechts von Straßengräben begleitet, wurde das Fundament aus größe-

ren Steinen gelegt, was auch dann
noch „Vorlage" hieß, als die Steine aufgerichtet wurden. Darüber kam das
„Geschläg", klein geschlagene Steine.
Der Wegemeister hatte darüber zu
wachen, dass die Steinklopfer nicht aus
Bequemlichkeit die Brocken zu groß
ließen. Sie durften höchstens die Größe
eines Hühnereis haben. Denn zu große
Steine lassen sich nicht fest genug
verkeilen.

Der Straßendeckenbelag bestand
entweder aus feinem Kies mit binden-
dem Lehm oder aus Schotter und darüber Splitt mit Grobsand, was man

Als große Straßenbauleistung galt die Kunststraße zwischen dem Schutter- und dem Kinzigtal, die unter Großherzog Ludwig vollendet wurde. Die Säule auf der Passhöhe bei Schönberg (Gemeinde Seelbach, Ortenaukreis) nehmen nur wenige Autofahrer dankbar wahr.

Makadambelag nannte. Der Name ist von dem des schottischen Straßenbauers John L. MacAdam abgeleitet.

Die Straßenbreite variierte. Von wenigen Ausnahmen im Donaukreis abgesehen, betrug sie aber mindestens fünf Meter, sodass zwei Fuhrwerke aneinander vorbeifahren konnten. Im Neckarkreis gab es sogar sechsspurige Straßen. Damit das Regenwasser besser ablaufen konnte, war der Straßenkörper leicht gewölbt, außer an Steigen, wo das Gefälle schon für den Abfluss sorgte. Der Wegemeister hatte zu überwachen, dass sich in der Chaussee keine Rillen (Radspuren) oder Löcher bildeten, in denen sich das Wasser sammeln konnte. „Auf einer Chaussee darf nie eine Pfize oder Lache stattfinden", heißt es in einer 68 Punkte umfassenden Instruktion für Wegemeister aus dem Jahr 1808.

Bei den Passstraßen ist das Mittelalter im Straßenbau erst an der Wende vom 18. zum 19. Jahrhundert überwunden worden. Statt steiler Steigen konstruierte man nun Kunststraßen, die die Höhe nicht geradlinig, sondern in Windungen und Serpentinen erreichten. Eine der ersten neuen Chausseen war jene, die vom Schuttertal ins Kinzigtal führt. Wer von Lahr nach Rottweil wollte, vom Badischen ins Württembergische, ersparte sich damit den fünfstündigen Umweg über Offenburg. Johann Gottfried Tulla hatte die Straße über den Pass bei Schönberg geplant und ihr eine maximale Steigung von sechs Prozent gegeben. Auf der Passhöhe, unweit des berühmten historischen Gasthofs zum Löwen, steht das Straßenbaudenkmal, eine Säule mit dem bekrönenden, geschlungenen „L" für Großherzog Ludwig von Baden, unter dessen Regierung die Straße 1827 erbaut wurde, wie die Inschrift verrät.

Römischer Meilenstein

In regelmäßigen Abständen haben die Römer an ihren Straßen Meilensteine aufgestellt. Diese steinernen Säulen nannten dem Vorüberkommenden den Namen des nächsten größeren Orts, meist einer Stadt, und gaben die Entfernung dorthin an. Die Angaben erfolgten in Meilen, in Rätien und einem Teil Obergermaniens in Leugen. Die Leuge ist ein keltisches Längenmaß und entspricht 2,22 Kilometern. Die römische Meile maß 1,478 Kilometer. Das Wort kommt von *milia passuum,* tausend (Doppel-)Schritte. Die Schrittweite mit dem linken und dem rechten Fuß betrug zusammen etwa anderthalb Meter. Im römischen Heer gab es eigens Schrittzähler, die tatsächlich gemessenen Schrittes die Distanzen abmarschierten und dann festhielten.

Vor dem südwestlichen Tor des Römerkastells in Köngen ist vor hundert Jahren, im Januar 1900, der 1,2 Meter hohe Rest eines römischen Meilensteins ausgegraben worden. Der Kunststeinabguss des Originals – das im Museum steht – ist im Römerpark Köngen aufgestellt. Der Meilenstein stand neben der Römerstraße nach Rottenburg, dem römischen Sumelocenna, das von hier aus 29 Meilen entfernt war. 29 Meilen – das sind 42,86 Kilometer. 38 Kilometer Luftlinie misst die Distanz Köngen – Rottenburg. Die Römerstraße ist dem Neckar gefolgt und hat keine großen Umwege gemacht. Regelmäßig enthält ein Meilenstein auch noch andere Informationen. Genannt wird der Kaiser, unter dessen Herrschaft eine Straße gebaut oder erneuert wurde. Aufgezählt werden auch seine Verdienste. So sind Meilensteine zugleich Propagandainstrumente des Herrschers.

Die lateinische Inschrift des Meilensteins lautet (in Klammern die Ergänzungen): IMP[erator] CAESAR DIVI

TRAIAN[i] PARTH[ici] F[ilius] DIVI NERVAE NEP[os] [T]RAIAN[us] HADRIANUS AUG[ustus] PONT[ifex] [ma]X[imus] TRIB[unicia] POT[estate] XIII [C]O[n]S[ul] III P[ater] P[atriae]. A SUMEL[ocenna] M[ilia] P[assuum] XXVIIII.

Auf dem Meilenstein von Köngen ist also zu lesen, dass Kaiser Hadrian Sohn des vergöttlichten Parther-Besiegers Trajan und Enkel des ebenfalls vergöttlichten Nerva sei, dass er selbst die Würde eines Oberpriesters (pontifex maximus) innehabe und den Ehrentitel „Vater des Vaterlandes"

Im Römerpark Köngen (Landkreis Esslingen) steht dieser gut einen Meter hohe Kunststeinabguss eines römischen Meilensteins.

ALTE LÄNGENMASSE

Der Mensch war lange Zeit „das Maß aller Dinge"

Waren das noch Zeiten, als die Menschen mit „krummen" Maßen maßen! Damals war noch der Mensch das Maß aller Dinge: Mit Daumen- oder Fingerbreite maß man kurze Längen; die Einheiten (Hand-)Spann(e), Fuß, Schuh, Elle und Klafter (Spanne zwischen den ausgebreiteten Armen) verwendete man für die mittleren. Große Distanzen maß man nach Schritten und Meilen (tausend Schritte, genau genommen: Doppelschritte, von lateinisch milia = tausend). Das war zwar nicht sehr präzise

Aus der Zeit, als die Kilometer die Stunden und Meilen als Wegemaß ablösten, stammt dieser Kilometerstein bei Bad Peterstal (Ortenaukreis). „9 ½ Kilom" sind es bis Schapbach, das der Steinmetz ursprünglich mit zwei „p" schreiben wollte, nach Wolfach ist es „15 Kilome"(ter) weit.

– denn es gibt schließlich große und kleine Menschen – sodass diese Maße größer oder kleiner ausfielen. Doch die Abweichungen, die „Spannbreite", nahm man als gottgegeben hin.

Erst das Aufkommen der modernen Naturwissenschaften, die Exaktheit verlangten, hat den jahrhundertelang benutzten Naturmaßen ein Ende gesetzt. Mit der Einführung des Dezimalsystems (1806) und der Bestimmung des Urmeters (der zehnmillionste Teil des Erdquadranten) als Grundeinheit aller Längenmaße ist im vergangenen Jahrhundert ein in weiten Teilen der Welt einheitliches Maßsystem geschaffen worden.

Zunächst wurde der Meter in Frankreich eingeführt (1799). Für Deutschland geschah die Einführung des Meters im Gefolge der Reichsgründung. Zum 1. Januar 1872, also vor gut 125 Jahren, wurden die „krummen", natürlichen Maße abgeschafft und die künstlichen metrischen Längenmaße eingeführt. Nur die Sprache bewahrt in ihren bildhaften Ausdrücken noch die alten Zustände. Seitdem sind die Entfernungsangaben in Meter oder Kilometer angegeben und nicht mehr in Meilen oder gar in „Stunden".

Zu den nicht-metrischen Maßen gehört auch die Stunde, gemeinhin eine Zeiteinheit à 60 Minuten. Sie war im vergangenen Jahrhun-

dert das gängige Wegemaß. Es bezeichnet die Strecke, die zu Fuß binnen einer Stunde zurückgelegt werden kann. Natürlich konnte dies nur ein Durchschnittswert sein, der bei jedem Wetter und über Berg und Tal zu erreichen war. Man unterschied die „Reisestunde" und die „Poststunde", die mit der Kutsche zurückgelegt wurde. Die Reisestunde maß in Württemberg 1600 Ruten, die Rute zehn Fuß. Der Fuß wurde 1870 bei der Umstellung auf Dezimalmaße mit 28,65 Zentimeter definiert. Das ergab für die Reisestunde eine Umrechnungsstrecke von 4,584 Kilometer. In Sachsen, wo man von 1858 an die Entfernungsangaben nicht mehr in Stunden, sondern für eine kurze Zeit bis zum Übergang zum metrischen Maß in Meilen machte, war die Stunde 4,513 Kilometer, in Baden die „Wegstunde" nur 4,444 Kilometer lang. Dass die Streckenlängen, wie auch die anderen nicht-metrischen Maßeinheiten, von Land zu Land unterschiedlich waren, wurde als gegeben hingenommen – so, wie wir heute bei Auslandsaufenthalten in anderen Währungen bezahlen und rechnen müssen. Neben der Reisestunde gab es in Württemberg und Bayern noch die Poststunde, die nur 1300 Ruten = 3,725 (in Bayern 3,707) Kilometer maß. Die Post war eben damals schon etwas langsamer.

trage. Die Angabe, dass er zum dritten Mal Konsul sei und im 13. Jahr seiner tribunizischen Gewalt stehe, erlaubt eine exakte Datierung ins Jahr 129 nach Christus. Die Straße entlang des Neckarlimes, hier von Köngen nach Rottenburg, hat damals sicher schon rund 40 Jahre lang bestanden. Im Jahr 129 ist sie wohl nur ausgebaut oder gründlich repariert worden.

Stundensteine

Als man die Fahrtstrecke noch in Stunden maß

Bei welcher Art von Kulturdenkmalen könnte man das Vergessen und Verschwinden von Kleindenkmalen am Wegesrand besser aufzeigen als an den Stundensteinen? Wer weiß heute überhaupt noch, was Stundensteine sind? Steine, auf denen die Geh- oder Fahrzeit bis zum nächsten Ort eingehauen ist, werden die meisten denken. Falsch geraten, aber nicht völlig daneben! Stundensteine sind Entfernungsanzeiger, denn die Einheit „Stunde" war nicht, wie man meinen könnte, ein Maß für die Zeit, sondern ein Strecken-

maß (siehe Kasten links). Im Württembergischen gab es sogar zweierlei Stundenmaß: Auf normalen Wegen und Straßen galt die „Reisestunde"; sie betrug 1600 Ruten, rund 4600 Meter. Auf Poststraßen hingegen ergaben etwa 3700 Meter eine „Poststunde".

Steine mit Angabe der „Reisestunden" standen einst an zahlreichen Wegen und Straßen, vor allem an bedeutenden Chausseen, aber auch an Ortsverbindungswegen. An Poststraßen gab es Steine mit Angabe der „Poststunden". Heute sind die Steine rar geworden. An der alten Poststraße von Stuttgart über Freudenstadt und den Kniebis ins Rheintal steht zwischen Nagold und Freudenstadt noch ein halbes Dutzend Stundensteine, alle im Abstand von ganzen Stunden von Stuttgart aus gerechnet, also im Abstand von je 3700 Metern. Kurz vor Freudenstadt

An der alten Poststraße Stuttgart–Straßburg stehen diese Stundensteine. Den oberen findet man bei Pfalzgrafenweiler (Landkreis Freudenstadt) an der Straße nach Bösingen, den linken in Aach (Stadt Dornstetten) nahe Freudenstadt. Ob der Steinmetz bei diesem eine fehlerhafte Vorlage für das „N" verwendet hat?

steht am alten Straßenverlauf in Aach –
heute in einem Neubaugebiet – der
Stein mit der Inschrift „Von Stuttgart 20
Stunden", also 20 x 3700 Meter = 74
Kilometer. Alle erhaltenen Stundenstei-
ne an der alten Poststraße haben eine
Höhe von rund 1,50 Meter bei einem
Querschnitt von 45 cm im Quadrat.

Ein anderer Stundenstein an einer
alten Poststraße ziert an der Schloss-
steige in Ellwangen eine Grünanlage.
Die Inschrift lautet „Nach Stuttgart 25
Stunden, nach Dinkelsbühl 5 Stunden".
Drei Stundensteine an alten Ortsverbindungswegen sind in Möglingen bei
Ludwigsburg erhalten geblieben. Etwas
verloren stehen sie heute in freier Feldflur, die alten Wege nach Stammheim,
Schwieberdingen und Markgröningen
sind längst durch ganz anders verlau-
fende Straßen und Feldwege ersetzt.
Weitere Steine mit nicht mehr lesbarer
oder verloren gegangener Inschrift stehen völlig unbeachtet zum Beispiel am
Straßenrand zwischen Bietigheim-Bis-
singen und Löchgau (Landkreis Ludwigsburg) oder bei Filderstadt-Bonlan-
den (Landkreis Esslingen).

Mehrere Dutzend Stundensteine gibt
es im Raum Eberbach – Mosbach
(Rhein-Neckar-Kreis und Neckar-Oden-
wald-Kreis). Sie sind alle in derselben
Schrift gemeißelt und auf obrigkeitliche
Weisung hin erstellt worden.

An dieser Stelle sei ausnahmsweise
ein Blick über die Grenzen Baden-
Württembergs gestattet: Prachtvoll ver-
zierte, mehrere Meter hohe Exemplare
aus der Zeit um 1730 findet man in
Sachsen; zu den auffälligsten und be-
kanntesten gehören die beiden am Zugang zu Schloss Moritzburg nördlich
von Dresden.

An der Straße von Ludwigsburg nach
Schwieberdingen, wo früher die Straße
Markgröningen-Stammheim kreuzte, steht
auf Markung Möglingen seit 1993 dieser
Stundenstein (unteres Bild). Er ersetzt einen
älteren von 1823, der stark verwittert war
(oberes Bild). Leider wurde die Inschrift
verändert – aus 1823 wurde 1827!

Stundensteine sind Vorläufer der heutigen Wegweisertafeln und Kilometersteine. Als Fußwanderer, Reiter oder Kutscher hatte man Zeit, die eingemeißelten Ortsnamen und Entfernungsangaben zu lesen, heute im Vorbeirasen mit dem Auto übersieht man nicht nur die Inschriften, sondern meist den ganzen Stein. Das schnelle Fahren ist schließlich auch der maßgebliche Grund für das Verschwinden zahlloser Stundensteine: Oft standen sie einer Straßenverbreiterung im Weg oder wurden als Unfallgefahr angesehen. Nachdem sie mit ihrer veralteten Entfernungsangabe unnütz geworden waren, räumte man sie weg. Oft ist es nur Zufällen zu verdanken, dass der eine oder andere erhalten blieb. Aufmerksamen Straßenmeistern und „Kleindenkmalfreunden" ist es zu verdanken, dass nicht auch die noch erhaltenen Steine vollends verschwinden. Und in Zukunft schauen sich sicher auch die Leser dieses Buches am Wegesrand stehende oder unter Brombeergestrüpp und im Brennnesseldickicht verborgene Steine genauer an!

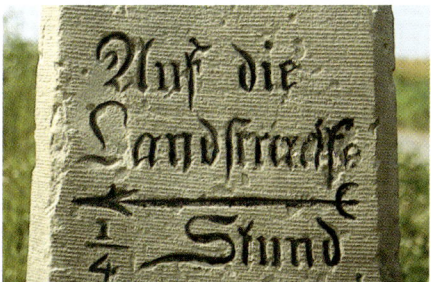

Ganz oben: Steinerner Wegweiser mit Entfernungsangabe bei Breitenbronn (Gemeinde Aglasterhausen, Neckar-Odenwald-Kreis). Die „Landstraße", zu welcher der Stein weist, ist die heutige Bundesstraße 292 Sinsheim – Mosbach.

Oben: Entfernungsangabe am Stundenstein in Stuttgart-Hofen. Er ist „geflächt", hat also ein glatte Oberfläche. Die Löcher stammen vom vorherigen Bearbeitungsgang mit dem Zweispitz und sind gewollt sichtbar geblieben, um die besondere Qualität der Handarbeit darzustellen.

Links: Mitten im Wald, im Schönbuch, steht dieser Stundenstein aus dem vergangenen Jahrhundert. Es kreuzen sich hier die Wege von Bebenhausen (Landkreis Tübingen) nach Altdorf im Landkreis Böblingen und von Tübingen-Entringen auf der „Diebssteige" zum Schaichhof, die heute nur noch ein schmaler, kaum mehr begangener Pfad ist.

Wegweiser

Wo, bitte, geht's zur Front?

Wegweiser in vielen Farben gehören heute zum vertrauten Bild von Straßenkreuzungen innerorts und außerorts. Im Mittelalter hat man Wegweiser nicht benötigt. Wer hätte sie auch entziffern sollen? Nur wenige Menschen waren damals des Lesens kundig.

Zudem kamen die Menschen – von Händlern, Diplomaten und Soldaten einmal abgesehen – ohnehin kaum aus ihrem Heimatort hinaus – allenfalls ins Nachbardorf oder in die nächste Amtsstadt. Und der Weg dorthin war den Ortsansässigen bekannt.

Wegweiser sind – eine Binsenweisheit – für Fremde, des Weges Unkundige da. Die Hinweisschilder sind stummer Ersatz für menschliche Führer. Auf ortskundige Begleiter hat sich der Reisende lange verlassen müssen. Noch Gustav Schwab, der 1823 den ersten Wanderführer für die Schwäbische Alb schrieb, empfahl dem Touristen, sich für einige Strecken einen Führer zu mieten.

Die hilfreichen Wegmarkierungen des Schwäbischen Albvereins und des

Einsam am Weges-
rand an einem
Ackerrain steht die-
ser alte Wegweiser
zwischen Leonberg-
Höfingen (Landkreis
Böblingen) und
Ditzingen-Heimer-
dingen (Landkreis
Ludwigsburg).
„Hirschlanden zu"
hat der Schriftzug
wohl einmal ge-
heißen.

Schwarzwaldvereins sind erst angebracht worden, als das Wandern und der Tourismus zur Massenbewegung geworden waren. Zu Schwabs Zeiten haben noch nicht viele ans Wandern gedacht.

Anders als heute, da man im Allgemeinen schon am Ausbauzustand einer Straße ihre (überörtliche) Bedeutung erkennen kann, waren damals die Wege und Straßen generell in einem schlechten Zustand. Ob sie zwei Orte miteinander verbanden oder plötzlich „in der Natur" endeten, war ihnen oft nicht anzusehen. Und so konnte es leicht geschehen, dass eine Straße mitten im Wald nicht mehr weiterführte und der Fußreisende umkehren musste. Er hatte fälschlich einen für die Holzabfuhr angelegten Weg eingeschlagen, war also auf dem sprichwörtlichen „Holzweg".

Mangels Wegweisung und eigener Ortskenntnis sind einheimische Führer auch im dritten Eroberungskrieg des Sonnenkönigs unverzichtbar gewesen: Ludwig XIV. ließ die französischen Soldaten 1688 bis 1697 in Süddeutschland einfallen und dort Beute machen, Kontributionen eintreiben und ganze Städte in Brand stecken. Marbach, Beilstein, Großbottwar, Winnenden und Vaihingen wurden 1693 von den Franzosen in Schutt und Asche gelegt. In diesem Jahr übernahm Markgraf Ludwig Wilhelm von Baden, der „Türkenlouis" – den Beinamen erhielt er, weil er bei der Abwehr der Türken große Erfolge erzielt hatte –, das Oberkommando über die Reichstruppen in Südwestdeutschland. Die Soldaten stellten der Schwäbische und der Fränkische Kreis.

Auf der Passhöhe zwischen dem Wolftal und dem Renchtal (Ortenaukreis) steht dieser Wegweiser von 1745, der 1861 erneuert wurde. Die Inschrift zeigt die für die Gegend typische Schreibweise des N. Auch hat sich der nicht sehr gewandte Steinmetz zweimal verschrieben.

Weit mehr als hundert Jahre alt ist dieser Wegweiser bei Nürtingen-Raidwangen. In den Stein an der Wegegabelung nach Altdorf und Neckartailfingen waren früher Metalltafeln mit Inschrift eingelassen. Heute sind nur die Aussparungen dafür noch da. Die stilisierte Hand mit den gespreizten Fingern darüber weist die Richtung.

Bei der raschen Verlegung der Truppen war man auf Ortskundige angewiesen. Die württembergischen Gemeinden klagten, dass ihre Boten dadurch überlastet seien und zu nichts anderem mehr kämen. So erließ der Türkenlouis am 10. November 1694 ein Kreispatent, mit dem jede Gemeinde verpflichtet wurde, an jeglichem „Schiedweg" eine Säule aufzustellen mit einem oder mehreren Armen, die den richtigen Weg zum nächsten Ort weise. Das Kreispatent ist unter Herzog Eberhard Ludwig in Württemberg umgesetzt worden. In seinem „General-Rescript" vom 27. 6. 1695 ist festgelegt, dass „der Nam deß nechstgelegenen Städtleins oder Marktfleckens ... mit tiefeingehauenen, großen und mit schwartzer Oelfarb ausgestrichenen Buchstaben" auf dem Arm des Wegzeigers stehen soll. 1758 durfte der Ortsname laut „Commun-Ordnung" auch „auf ein Blech" geschrieben sein.

Die „Säule" des Wegweisers, so präzisiert eine Verordnung von 1825, solle

Eine gängige Form der Wegweiser waren früher – wo es geeignete Steine gab – solche Pfähle mit durchgestecktem Holzbrett. Dieser Pfeiler, lange auf einem Bauernhof gelagert, ist in Nürtingen-Oberensingen (Landkreis Esslingen) wieder aufgestellt worden. 1988 erhielt er einen neuen hölzernen Richtungsweiser.

aus „reinem trockenem Eichenholz", und der Fuß zum Schutz gegen Erdfäule dick verkohlt sein. Fünf Jahre zuvor, mit Erlass des Innenministeriums vom 12. 9. 1820, war bestimmt worden, dass alle neu aufgestellten „Stöcke" schlangenförmig in „roth und schwarz" und nicht mehr gelb und schwarz gestrichen werden sollten.

Diese Wegweiser gaben den marschierenden Soldaten am Scheideweg, also an Wegegabelungen und Straßenkreuzungen, die einzuschlagende Richtung an. Und so erweist sich wieder einmal, dass der griechische Philosoph Heraklit recht hatte mit seiner Behauptung, der Krieg sei der Vater aller Dinge. Selbst der Wegweiser.

Die landesherrliche Weisung zur Aufstellung von Wegweisern wurde allerdings nur zögernd befolgt. Nicht nur wegen der Kosten, die die Gemeinden zu tragen hatten. Manche Kommunen

Aus dem 19. Jahrhundert stammt dieser gusseiserne Wegweiser aus Prevorst (Gemeinde Oberstenfeld, Landkreis Ludwigsburg). Die Inschrift auf der Ortstafel, stilecht nachempfunden in schwarzer gotischer Schrift auf gelbem Grund, ist freilich modern. Der Pfarrweiler Prevorst hat damals zur Gemeinde Gronau und diese zum Oberamt Marbach gehört.

Wie viel handwerkliche Mühe hat man sich einst mit diesem gusseisernen Wegweiser gemacht! Er steht einsam in den Wäldern nordöstlich von Vellberg (Landkreis Schwäbisch Hall) und erinnert an den Straßenbau vor einem Jahrhundert.

spekulierten, dass sie von Einquartierung und Verpflegung durchziehender Soldaten und von deren Übergriffen eher verschont bleiben würden, wenn die Soldateska mangels Hinweisschildern den Ort nicht finden könne.

Dort, wo die Schilder aufgestellt wurden, haben „böse Buben" – wie es amtlicherseits beklagt wird – sie oft verdreht, beschädigt oder gar gestohlen. Heute sind diese Kleindenkmale selten geworden.

Am Kreuzbühl richtungweisend

Um 1985 ist ein alter Wegweiser auf dem Kreuzbühl bei St. Johann-Würtingen (Landkreis Reutlingen) von der Gemeinde restauriert worden. Dabei ist wohl der vierte Arm ersetzt worden, denn dieser hat keine gegossenen Ränder und Buchstaben, wie die drei anderen, originalen Arme. Moderne Zutat ist

Oben: In Bremelau (Stadt Münsingen, Landkreis Reutlingen) steht dieser Brunnen mit Wegweiserfunktion.

Links: Auf dem Kreuzbühl bei St. Johann-Würtingen (Landkreis Reutlingen) stößt der Wanderer auf diesen vierarmigen gusseisernen Wegweiser.

wohl auch der schwarze Strich im gelben Band des schwarz-gelb gebänderten gusseisernen Pfahls. Beim Umbau der Landesstraße ist der Wegweiser, der aus dem letzten Viertel des 19. Jahrhunderts stammt, versetzt worden.

Wegweisender Brunnen in Bremelau

Durch die Albwasserversorgungsgruppe VI (Münsingen-Lauter) ist auch Bremelau (heute zur Stadt Münsingen, Landkreis Reutlingen gehörend) mit ausreichend frischem Wasser versorgt worden. 1872/73, so belegen es Gemeinderatsakten, sind im Ort vier Brunnen aufgestellt worden. Einer davon ist heute noch vorhanden, wenn auch längst nicht mehr in Betrieb. Er steht an der Ortsdurchfahrt im Zuge

der Bundesstraße 465, dort, wo die Granheimer Straße abzweigt. Der Brunnentrog ist zum Blumentopf umfunktioniert worden. Die sparsamen Bremelauer hatten den Brunnen 1873 gleichzeitig als Wegweiser benutzt und so die Kosten für den gusseisernen Stock eines separaten Wegweisers gespart. Die gelb-schwarzen Schilder an der Straßengabelung weisen den Weg nach Frankenhofen und Ehingen (auf der B 465) sowie nach Granheim und Munderkingen. 1975 hat Ortsvorsteher Josef Schmid den Brunnen und die Wegweiserschilder neu streichen und die abmontierten, aber aufbewahrten Wegeschilder wieder anbringen lassen. Dass diese früher tatsächlich am Brunnen angebracht waren, belegt eine noch erhaltene Rechnung von 1873.

Gruhen oder Grubbänke

Kurze Rast mit schwerer Last

Man sieht sie nur noch selten. Die Zeit ist an ihnen vorübergegangen. Ihr Sinn und ihre Bedeutung dürfte den meisten Passanten unbekannt sein. In Nürtingen-Oberensingen (Landkreis Esslingen), in der Waldhauser Straße, ist eine Grubbank, liebevoll in eine Busch- und Baumgruppe integriert, erhalten. Beim Straßenausbau wurde sie zwar um etwa hundert Meter versetzt, aber immerhin, sie ist noch da. Wie hier gibt es sie meist doppelt, mal klein, mal groß stehen sie nebeneinander. Die schmalen steinernen „Tische" und Bänke am Wegesrand sind die Raststätten unserer Vorfahren. Gruhe, Gruobbank, Gruabets oder Ruhbank heißen sie – Schreibung und Aussprache variieren. Sie dienten dazu, die schweren Körbe und Krätten (oder Kreben, Krätzen) abzusetzen, sodass der geschundene Rücken und der strapazierte Kopf ausruhen konnten. Und – das war wichtig – dass man die Transportbehälter später ohne fremde Hilfe und große Anstrengung wieder aufnehmen konnte.

Als es noch keinen Einkaufswagen und kein Auto gab, haben die Frauen, die Handwerker und die Händler alles auf dem Kopf oder dem Rücken getragen – meilenweit, bergauf und bergab. Das war ganz schön anstrengend, besonders wenn es steil den Buckel hinaufging. So waren die Träger froh, wenn sie sich am Ende der Steige, wo es nach Wolfschlugen und auf die Filder ging, für kurze Zeit ihrer schweren Last entledigen, sich hinsetzen und etwas verschnaufen konnten. Der volle, schwere Weidenkorb wurde auf der Ruhbank abgesetzt, man schlüpfte

Oben: Die Grubbank in Nürtingen-Oberensingen, 1816 aufgestellt, ist vor einigen Jahren ein Stück von ihrem ursprünglichen Standort weg versetzt worden.

Unten: Am Aufgang zu den Esslinger Weinbergen steht diese mehrstufige, ausladende Grubbank.

erleichtert aus den Tragegurten. Das niedere Bänkchen lud zum Sitzen ein, wenn neben dem hohen, engen Korb oder der metallenen Butte noch Platz war. Nach der Rast nahm die Frau den „Zaine" genannten Weidenkorb oder die „Gelte" für Flüssigkeiten wieder auf den Kopf. Der ringförmige, spreugefüllte Tragebausch diente nicht nur als Polster, um den Druck auf den Kopf zu mindern, sondern half auch, die Last besser zu balancieren. Der Lastenträger schlüpfte wieder in die Tragegurte der Krätte. Und weiter ging's.

Gruhen können bis zu 300 Jahre alt sein. Die meisten wurden zwischen 1720 und 1850 errichtet; das genaue Alter ist aber meist unbekannt. Selten tragen sie eine Jahreszahl. Selten auch lässt sich ihre Aufstellung aus den Gemeindeakten herauslesen.

In Süddeutschland, so wird geschätzt, sind vielleicht noch 200 Gruobbänke erhalten. Um die 500, 600 dürften es vielleicht einmal gewesen sein. Im Raum Nürtingen/Esslingen stehen noch die meisten, viele auch bei Markgröningen und Vaihingen an der Enz. Das mittlere Neckarland ist das Zentrum der Verbreitung.

Auf der Alb, im Schwarzwald, im Hohenlohischen und im Oberland gibt es merkwürdigerweise keine Gruhen – seltsam, wenn man bedenkt, dass es

SPRACHGESCHICHTLICHER HINTERGRUND

Woher kommt die Bezeichnung „Gruhe"?

Nur noch ein Bruchteil der heutigen Bevölkerung Württembergs „schwätzt schwäbisch" und versteht, von was die Rede ist. Aber selbst „Ureinwohnern" ist in verschiedenen Gegenden unseres Landes der Begriff „Gruhe" unbekannt. „Grubbank" oder „Grugstatt", damit kann schon eher jemand etwas anfangen. Nicht-Einheimische und Jugendliche würden wohl eher eine englische Bezeichnung wählen, als sich Gedanken über das Wort „Gruhe" und dessen Aussprache zu machen. Lesen wir doch mal in „Fischers Schwäbischem Wörterbuch" (erschienen 1911) nach:

„Geru-bank, -bänkle: Ruhebank; aus Holz errichtetes Gerüst an Feldwegen mit 2 waagrechten

Brettern, dem unteren zum Sitzen, dem oberen zum Abstellen von Kopflasten. Diese Einrichtung findet sich allenthalben von Tübingen an nordwärts, ist aber im Südwesten (Balingen und südlich davon) unbekannt. Geru-brett (-brit): dasselbe (Tübingen – Herrenberg). geruen [gruaba, gruaga] = ruhen, ausruhen. Geruete = Ruhebank, auf die die Ackerleute ihre Traglasten stellen, um auszuruhen (Marbach – Pleidelsheim)." (Auszüge)

Hermann Fischer, oder wer von seinen Mitarbeitern sich diesen Stichwörtern widmete, hat auffallenderweise wenig notiert; bei anderen Stichwörtern wurde wesentlich besser recherchiert. Dass nur von „hölzernen Gerüsten" die

Rede ist und nicht einmal erwähnt wird, dass es auch Ruhebänke aus Stein gibt, ist merkwürdig. Aber immerhin ist das Wort „Gruhe" einigermaßen erläutert.

Im Albvorland sagt man „Grubbank", im fränkisch beeinflussten Sprachgebiet nördlich von Enz- und Murrtal „Krugbank", wobei die Aussprache des „K" und des „g" von Ort zu Ort Unterschiede aufweist. Im Hauptverbreitungsgebiet der steinernen Ruhebänke, dem Mittleren Neckarland, sagen die älteren Einheimischen „Gruhe" mit stimmlosem „h" – und haben damit einen annehmbaren Kompromiss zwischen den unterschiedlichen Sprachbräuchen gefunden. Auch in diesem Buch wird daher dieser Begriff verwendet.

auch in der Mittelgebirgslandschaft und in den Tälern von Kocher, Jagst und Tauber viele Steigungen und Wegekreuzungen gibt.

Viele der noch erhaltenen Gruhen sind in einem bedauernswerten Zustand. Wohlmeinende Heimatfreunde haben einige völlig unsachgemäß mit Eisenbändern und Beton „saniert". So stehen sie heute als „unnütze Möbel" in der Landschaft herum. Einer Straßenverbreiterung sind sie meist im Weg, und deshalb gilt es, aufmerksam darauf zu achten, dass in unserer Landschaft nicht weitere Erinnerungen an frühere Zeiten verschwinden.

Oben: Gruhe bei Marbach am Neckar (Landkreis Ludwigsburg, Aufnahme 1980).

Rechts: Steinerne Ruhebank im Abseits, halb umgesunken an der Straßenböschung. Die Aufnahme ist 1984 bei Rudersberg-Necklingsberg (Rems-Murr-Kreis) entstanden. Erfreulich, dass die Bank an einen sicheren Ort in der Nähe versetzt worden ist.

Unten: Steinerne Ruhebänke – hier bei Ammerbuch-Breitenholz (Landkreis Tübingen) – stehen oft in Wegbiegungen und an Abzweigungen. Hier konnte man einen Treffpunkt vereinbaren.

TEAMWORK VON SCHMIED UND STEINMETZ

Eisenklammern in Blei eingegossen

Der Sturz von Gruhen muss irgendwie fest auf die beiden Pfeiler aufgesetzt werden. Heute löst man ein solches Problem, indem man Messingdübel mit einem Kunstharzkleber in dafür vorgesehenen Bohrungen fest verankert. Das hält; eher geht der Stein

Konischer Zapfen an einem Pfeiler einer Gruhe; der Sturz ist hier abgebaut. (Vaihingen-Enzweihingen, Landkreis Ludwigsburg)

entzwei, als dass der Kleber nachgibt. Solche Kleber gibt es noch nicht allzu lange. Wie also montierte man die Gruhen früher?

Zunächst einmal musste der Steinmetz eine Verbindung schaffen: Ähnlich „Nut und Feder" an Brettern arbeitete er an den Pfeilerköpfen jeweils einen „Zapfen" aus, der sich meist konisch nach

Hier haben zwei Handwerker „ganze Arbeit" geleistet: Formvollendete Verzapfung und dauerhafte Verklammerung. (Kniebisstraße, Nürtingen-Neckarhausen, Landkreis Esslingen)

oben verjüngte und in genau bemessene Vertiefungen am Sturz passte. So war eine gute Passform geschaffen, aber gegen Lausbubenstreiche war diese Verbindung noch nicht gut genug abgesichert.

Nun musste der zweite Handwerker, der Schmied, an die Arbeit: Er verband Sturz und Pfeiler mit Eisenklammern. Das ist leichter gesagt als getan: Selten haben Sturz und Pfeiler dieselben Maße, und so musste die Klammer den Steinoberflächen angepasst werden. Da wird es in der Schmiedewerkstatt zum Gesellen oder Lehrbuben des Öfteren geheißen haben: „Lauf, probier's aus, ob's passt und komm gleich wieder!" Als „gekröpft" bezeichnet man ein Eisenband, das mit einem Doppelwinkel die Fuge zweier unterschiedlich breiter Steine überbrückt. Und dann mussten die Eisenklammern noch in den Steinen verankert werden. Der Stein-

metz hatte dazu mehrere Zentimeter tiefe Löcher gehauen. Der Schmied nun musste die Eisen genau passend arbeiten, aber dann saßen sie noch lange nicht fest. Sie mit Holz zu verdübeln war undenkbar: Erstens hätte die Konstruktion nicht lange gehalten, zweitens quillt Holz bei Feuchtigkeit und hätte den Stein spätestens beim ersten Frost gesprengt. So gab es nur die Möglichkeit, das Loch im Stein nach innen zu erweitern und den Teil der Eisenklammern, der in das Loch ragte, widerhakenartig zu gestalten. Das Loch wiederum wurde mit flüssigem Blei ausgegossen – Garantie dafür, dass die Klammer festen Halt haben würde und keine Feuchtigkeit eindringen konnte.

Manche Grubbänke haben vier Klammerverbindungen, manche nur zwei – je nachdem, wie es Steinmetz und Schmied zusammen für richtig gehalten haben.

Handwerkskunst im Kleinen: Die „Lochung" eines Eisenbandes, und dies noch in quadratischer Form, ist für einen Schmied eine Herausforderung. (Brackenheim, Landkreis Heilbronn)

Der Sandstein hat nachgegeben, wohl wegen mechanischer Überbeanspruchung der Klammerverbindung. Gut sichtbar die widerhakenartige Verankerung (Brackenheim, Landkreis Heilbronn).

Sofort erkennt man, dass hier etwas nicht stimmt: Die gekröpfte Klammer hängt frei, der Sturzstein wurde offensichtlich verändert. (Kraichtal-Gochsheim, Landkreis Karlsruhe, Aufnahme 1994)

Selbst an solchen Bauwerken wie Gruhen in der Feldflur haben manche Handwerker ihr Können bewiesen: Dass die Eisenklammern in flache Rinnen im Stein oberflächenbündig eingearbeitet wurden und so keinerlei Ansatz für Lausbubereien boten, sieht man des Öfteren. Manchmal hat der Schmied seinen Prägestempel mit den Initialen eingehauen, und wenn er viel Zeit – oder einen guten Auftraggeber – hatte, dann reichte es sogar für eine Verzierung wie an einer Gruhe bei Brackenheim (Landkreis Heilbronn).

Oben: Frei sichtbare Klammerverbindung; der Sandstein ist an dieser Stelle gebrochen. Lange wird es nicht mehr dauern, dann bricht die Gruhe vollends zusammen. (Ammerbuch-Breitenholz, Landkreis Tübingen)

Links: So kann man eine Gruhe auch „reparieren". Der neuzeitliche Handwerker, der dies zuwege brachte, ließ ästhetisches Feingefühl vermissen. (Nufringen, Landkreis Böblingen)

KLEINDENKMALE ZU
VERWALTUNG, RECHT UND GRENZEN

Alles was Recht ist

S. 95: Dieses Steinkreuz mit einer Pflugschar, die auf den Berufsstand des Getöteten hinweist, steht an der Straße von Horb nach Freudenstadt bei Schopfloch (Landkreis Freudenstadt). Wie viele der vorbei Fahrenden wohl jemals von diesem Denkmal Notiz genommen haben?

Die Stadt Schwäbisch Hall hat den Wald ihrer Hospitalstiftung mit derartigen Steinen abgegrenzt. Das galgenähnliche Symbol soll eine „Falle", eine Sperreinrichtung an der ehemaligen, das reichsstädtische Territorium umgebenden Landhege bezeichnen. (Grenzstein bei Rosengarten-Sanzenbach, Landkreis Schwäbisch Hall)

Markungsgrenzsteine

Eine Ohrfeige als Gedächtnisstütze

Die ältesten erhaltenen Grenzsteine im süddeutschen Raum stammen aus dem 15. Jahrhundert. Zunächst wurden nur die Hauptsteine gesetzt, die in der Regel – je nach Übersichtlichkeit des Geländes – einen Abstand von ca. 250 bis 600 Meter hatten. Diese Hauptsteine ragen bis 1,50 Meter hoch auf, sind über dem Erdboden von Steinmetzen sauber behauen und haben ein unbehauenes, unregelmäßiges oder nur grob in Form gebrachtes Fundament, das mehr als einen Meter tief im Boden verankert sein kann. Diese Tradition wurde bis ins 19. Jahrhundert fortgesetzt, wobei die Formen und Größen der Markungsgrenzsteine ganz unterschiedlich sein können, je nachdem, welches geeignete

Steinmaterial beschafft werden konnte und was der Gemeinde die Kennzeichnung der Grenze wert war.

Auf dem „Kopf" tragen die Grenzsteine Rillen, die den genauen Verlauf der Grenze angeben. In manchen Gegenden nennt man diese Rillen „Schleife", in anderen „Grinne". Ein Knick der Rille zeigt einen Knick der Grenze an, sich verzweigende Rillen drei oder gar vier an einem Punkt zusammenlaufende Grenzen. Zu beiden Seiten wurden die Anfangsbuchstaben der Nachbargemeinden eingemeißelt. Besser gestellte Gemeinden ließen zusätzlich ihr Wappen einhauen; oft wurde die Jahreszahl der Grenzsteinsetzung hinzugefügt. Nummerierungen stammen meist aus späterer Zeit; in der Regel wurden die Hauptsteine einer Markung, beginnend an einem besonders markanten Punkt, entgegen dem Uhrzeigersinn durchnummeriert. So kommt es, dass entlang einer Grenzsteinreihe die Ziffern auf einer Seite eine aufsteigende und auf der anderen eine abfallende Folge bilden. Aus Gründen der reinen Praktikabilität, um bei Vermessungsarbeiten nicht immer den Bezug zu den weit auseinander stehenden Hauptsteinen herstellen zu müssen, hat man später zwischen die Hauptsteine untergeordnete, wesentlich kleinere Steine, die so genannten „Läufer", zwischengeschaltet. Sie tragen keine Wappen und nur selten Jahreszahlen, meist nur Buchstaben von A bis Z. Wenn diese nicht reichten, machte man mit AA, BB usw. weiter.

Die Gemeinden haben ihre Markungsgrenzsteine ganz unterschiedlich gestaltet, wobei sich ja immer zwei Partner einig werden mussten. Im Lauf der Zeit wurden schadhafte Steine auch auf ganz unterschiedliche Art und Weise ersetzt. Ob es immer mit der Kassenlage der Gemeinde zu tun hatte, ob das ästhetische Empfinden des Bürgermeisters und der Gemeinderäte den Ausschlag gab oder ob es vom Geschick und Können des beauftragten

Auf diesem Markungsgrenzstein von Roßwag (Stadt Vaihingen an der Enz, Landkreis Ludwigsburg) ist eine Rose als Ortszeichen eingemeißelt.

Im Stuttgarter Pfaffenwald beim Universitätsgelände stoßen die Gemarkungen des Chorherrenstifts Sindelfingen und des Stifts Stuttgart (mit dem Lothringerkreuz) zusammen. Der Stein stammt von 1760; er trägt die Nummer 14.

Steinmetzen abhing, dass Grenzsteine schlicht gestaltet wurden oder schöne Wappen, kunstvolle Ziffern und Buchstaben erhielten, ist im Einzelnen nicht bekannt.

Um ein unrechtmäßiges Versetzen von Markungsgrenzsteinen zu unterbinden oder zumindest nachweisen zu können, wurden von den „Untergängern", den vereidigten Gemeindebeauftragten, „Zeugen" unter die Steine gelegt. Dies sind Tontäfelchen oder andere dauerhafte Materialien, die, zum Teil bewusst als Scherben, in einer nur den Untergängern bekannten Lage und Anordnung jede unberechtigte Veränderung beweisen. Um sich vom ordnungsgemäßen Zustand der Grenze zu überzeugen, wurden bis um 1900 in

regelmäßigen Abständen unter Beteiligung der Öffentlichkeit Markungsumgänge veranstaltet und dabei alle Steine geprüft und in Protokolle aufgenommen. Von manchen Orten wird berichtet, dass bei diesen Gelegenheiten, damaligen Vorstellungen von Pädagogik folgend, der Schuljugend eine Tracht Prügel verabreicht wurde, um den Jugendlichen die genaue Lage der Markungsgrenzsteine „einzubläuen".

In neuerer Zeit, in der die Feldfluren maschinengerecht gestaltet wurden, störten Grenzsteine beim Mähen, Pflügen und an den Wegrändern. Reihenweise wurden sie ersetzt durch schlichte, nahezu bodenebene Granitsteine. Von Glück kann man sagen, wenn die alten Wappensteine nicht kaputtgeschlagen oder in die nächste Klinge geworfen, sondern gesichert wurden. Auch wenn für Fachleute ein Grenzstein nur dann seinen historischen Wert besitzt, wenn er an originaler Stelle seine alte Funktion zeigt, so wird doch leicht verkannt, dass es die in manchen Gemeinden in „Lapidarien" zusammengefassten Grenzsteine heute samt und sonders nicht mehr gäbe, wären sie von aufmerksamen Bürgern oder Verantwortlichen nicht gerettet worden. Und immerhin sind in einer Parkanlage aufgestellte Grenzsteine der Öffentlichkeit noch zugänglich, was man von den Grenzsteinen und anderen Kleindenkmalen, die in privaten Hausgärten oder Partykellern verschwunden sind, nicht sagen kann.

Wann der erste Stein zur Kennzeichnung einer Markungsgrenze zwischen zwei Ortschaften gesetzt worden ist und wo dies war, wer also der „Erfinder" des Markungsgrenzsteines ist, weiß man nicht. Und so einfach, wie man sich das Ziehen von Grenzen zwischen Gemeinden heute vielleicht vorstellt, war es sowieso nicht: Herrschafts-, Besitz- und Rechtsgrenzen verliefen bis zur großen „napoleonischen Flurbereinigung" oft anders als die Zehnt-Abgabengrenzen verschiedener adeliger oder kirchlicher Grundbesitzer. Und wieder einen anderen Verlauf hatten Jagdgrenzen und Grenzen von Weide- oder Fischereirechten, Geleitrechten, Gerichtsbarkeiten und anderen Rechten. Über 500 Jahre ist es jedenfalls her, dass in Süddeutschland Gemeinden ihre vorher gemeinsam bewirtschafteten Wälder und „Allmenden" (= Allgemeingüter) durch Grenzsteinlinien voneinander schieden, wo nicht Bäche, Höhenrücken und andere unverrückbare Landschaftszäsuren eine solche „künstliche Grenze" überflüssig machten. Mit zunehmender Besiedlungsdichte im Spätmittelalter bildeten sich allmählich feste Grenzen zwischen den Gemeinden heraus, jedoch gibt es auch gar nicht selten Fälle, wo bis in

die Mitte des 19. Jahrhunderts hinein Zehnt- und Besitzgrenzen die Gemeindegebiete begrenzten und erst im Zusammenhang mit der allgemeinen Landesvermessung seit 1818 in Württemberg und seit 1852 in Baden genaue und versteinte Markungsgrenzen festgelegt worden sind.

Ein „verrückter Markstein" bei Neuenburg

Drei Gemarkungen im Landkreis Breisgau-Hochschwarzwald stoßen an der Straße von Neuenburg nach Schliengen zusammen. Zuvörderst die von Neuenburg. Über dem Wappenschild stehen die Buchstaben „G N" und darunter „St N". Denn Neuenburg ist seit dem 13. Jahrhundert eine Stadt, einst sogar eine Freie Reichsstadt gewesen. Das Wappen ist nicht etwa das badische – badisch ist Neuenburg erst seit 1806. Es ist das formgleiche, von den Stadtgründern, den Zähringern, verliehene Stadtwappen mit den „vertauschten" Farben: gelber Schrägbalken auf rotem Grund.

Steinenstadt schließt sich auf der Südseite des Marksteins an. Für das Dorf, das zum Basler Hochstift gehörte und Teil der Basler Landvogtei war, steht deshalb der Basler Bischofsstab und darunter das Jahr der Steinsetzung: 1833. Links von der Neuenburger Seite liegt die Gemarkung von Auggen. Das Auggener Ortswappen, eine Pflugschar, seitlich und oben umgeben von drei Rebmessern, weist auf die hauptsächlichen Erwerbsquellen seiner Bewohner hin, auf die Landwirtschaft und den Weinbau. Der Auggener Gutedel ist ein Begriff. Die vierte Seite des Steins markiert schmucklos die Trennung in Auggener und Steinenstädter Gemarkung.

Auf dem Scheitel des Steins sind durch eingeritzte Rillen nicht nur drei, sondern gleich fünf Gemarkungen voneinander geschieden. Vermutlich ist die Nord-Süd-Linie vom Steinmetz fälsch-lich eingeritzt worden, als er den Markstein 1985 nachbildete. Das Original war im Jahr zuvor dem Verkehr zum Opfer gefallen. Heute treffen hier nur noch zwei Gemarkungen zusammen, die von Steinenstadt und die von Auggen, wobei Steinenstadt inzwischen zu Neuenburg gehört. Das „hier" ist auch nicht so genau zu nehmen. Offenbar war der originale Markstein schon früher einmal verrückt worden. Solche Veränderungen hat man in der Neuzeit wohl nicht mehr so wichtig genommen wie früher. Im 16. Jahrhundert dagegen setzte die württembergische Landesordnung noch fest, wer einen Markstein versetze, „mag sein eer, lyb und gut verwürcken".

Grenze zwischen Privatbesitz und Stadtgemarkung

Auf dem Mooswaldgipfel im Schwarzwald grenzt in rund 870 Meter Höhe ein Stein den Waldbesitz der Mooswaldgenossenschaft gegen die Gemarkung von Gengenbach (Ortenaukreis) ab. Die Buchstaben „M W" und die Waldarbeiter-Haue mit der Spitze nach unten, die symbolisch für den bäuerlichen Waldbesitz steht, verdeutlichen dies. Die Bedeutung der übrigen Zeichen ist unklar. Die Mooswaldgenossenschaft, ein deutschrechtlicher Zu-

Oben: Die Gemarkung von Neuenburg, links der Wappenschild der Stadt, grenzt an die von Steinenstadt, die zum Basler Stift gehörte.
Unten: Auf der dritten Seite des Grenzsteines ist das Fleckenzeichen der Gemeinde Auggen angebracht.

Der Grenzstein auf dem Mooskopf zeigt auf der Gengenbacher Seite (oben) den Abtsstab (für die Abtei Gengenbach), der nach der Mediatisierung durch ein darunter gesetztes kleines badisches Wappen ergänzt wurde. Auf der anderen Seite (unten) sind nur die Initialen M W und das Blatt der Haue sicher zu deuten. Was das verschlungene L und die Buchstaben G I bedeuten, ist unklar.

Versteinte Grenzen

Den Besitzanspruch in Stein gehauen

Mein und Dein zu unterscheiden, fällt manchem schwer – sehr zum Verdruss des rechtmäßigen Besitzers. Das deutliche Markieren des Eigentums kann da wenigstens unbeabsichtigte Übergriffe vermeiden helfen. Dies gilt auch für den Grundbesitz, wenn seine Ausdehnung und Begrenzung in der Natur sichtbar gemacht wird. So umgibt etwa der Bauer seit alters seine Hofreite mit einem Zaun. Einst, als das Land noch ganz dünn besiedelt war, kam es bei der Grenzziehung und Grenzmarkierung nicht so genau darauf an: Ein Streifen Ödland, ein Bach- oder Flusslauf, ein Wald, ein Baum oder Felsen genügte als Orientierungshilfe für den Grenzverlauf.

Als aber das Land dichter besiedelt, auch bis dahin unwirtliches Gelände in Besitz genommen wurde, als der Nachbar näher rückte und damit die Grenze von beiden Seiten her Linie individuellen Rechtsanspruchs wurde, genügte diese grobe Festlegung durch Landschaftsmarken nicht mehr. Größere Genauigkeit war nun gefragt. Keiner wollte dem Nachbarn etwas vom Eigenen überlassen. Flüsse konnten nach Hochwasser ihren Lauf ändern, Wälder wachsen oder schrumpfen, Hangkanten konnten abrutschen, markante Bäume absterben. Das alles hätte den Grenzverlauf verschoben, den Grundbesitz des einen zugunsten des anderen geschmälert.

Im Spätmittelalter gingen die Grundbesitzer zur Kennzeichnung mit künstlichen Marken über. Ob Territorialherr,

sammenschluss privater Waldbesitzer, besteht seit mehr als 500 Jahren. 150 Bauernhöfe gehören der Genossenschaft an, die sich einen Waldmeister und einen Moosvorstand gibt.

Die Grenzlinie im Wald bei Plüderhausen (Rems-Murr-Kreis) scheidet das Herrschaftsgebiet der Grafen von Württemberg von dem der Schenken von Limpurg, denen Welzheim seit 1355 gehörte.

Der Grenzstein links trägt die Jahreszahl 1490 und zeigt die württembergische Hirschstange. Auf dem Stein oben ist das Limpurger Wappen zu sehen, die fünf Streitkolben (Keulen).

zer zugekehrten Seite. Ferner die Jahreszahl der Steinsetzung und noch die Nummer des Grenzsteins. Die Rille auf dem Scheitel des Steins markiert den exakten Grenzverlauf.

Das Verrücken des Grenzsteins war mit schweren Strafen belegt. Das Strafgesetzbuch (§ 274 Abs. 2) droht heute

Stadt, Dorf oder Kloster: Seit dem 15. Jahrhundert sicherten sie alle ihren Besitz mit Marksteinen. Mark ist das alte deutsche Wort für Grenze. Die Marksteine tragen die Wappen der Landesherren, jedes auf der dem Besit-

In den 1990er-Jahren ist dieser Grenzstein am Lindenplatz in Adelsheim (Neckar-Odenwald-Kreis) aufgestellt worden. Ursprünglich war er 1855 im Wald von Roigheim (Landkreis Heilbronn) gesetzt worden und schied das Königreich Württemberg, zu dem Roigheim gehörte, vom Großherzogtum Baden und seiner Gemeinde Hagenbach.

Der Besitz von Albrecht von Crailsheim wurde in der Umgebung von Braunsbach (Landkreis Schwäbisch Hall) 1578 mit besonders hohen und schön gearbeiteten Wappen-Grenzsteinen gekennzeichnet. Der abgebildete ist mannshoch! Auf der Rückseite ist das Hohenloher Wappen eingemeißelt. (Aufnahmen 1984)

noch Gefängnis und Geldstrafe für das Verrücken eines Grenzsteins an. Generationen von Juristen schmunzelten über den Paragraphen im Bürgerlichen Gesetzbuch, wo von einem „verrückten" Grenzstein die Rede ist. Einen gewissen Schutz vor solchen Grenzverletzungen bot früher der Aberglaube. Wer einen Grenzstein versetzte, dem drohte im Tode der Unfriede, der musste als Geist ruhelos bei dem Stein umgehen.

Bei der großen napoleonischen Gebietsreform zu Anfang des 19. Jahrhunderts ist die buntscheckige Landkarte in Süddeutschland bereinigt worden. Viele größere und kleinere Territorien sind in Württemberg und in Baden aufgegangen: Klöster, Reichsstädte, Adelsherrschaften. Damit wurden auch viele Grenzsteine überflüssig. Übrig geblieben sind nur die neuen Landesgrenzen und die Gemeindegrenzen.

Heute haben die Marksteine nur noch kulturhistorische und heimatgeschichtliche Bedeutung, rechtlich sind sie nicht mehr verbindlich. Der genaue Grenzverlauf ist seit dem 19. Jahrhundert auf Messtischblättern exakt festgehalten. Die Grenzsteine markieren nur noch die Grenze vor Ort. Der Untergang wurde deshalb 1841 abgeschafft, die „Verzeugung" der Steine erst 1967.

Und dennoch lohnt es sich, die alten Grenzsteine vor Ort zu bewahren. In einigen Fällen dokumentieren sie Grenzverläufe, die nie exakt vermessen wurden, weil sie schon nicht mehr gültig waren, als mit der Vermessung begonnen wurde. So sind die Steine die einzigen Zeugen.

Sparsame Badener und Württemberger

Im Heimeleswald beim alten Zollhaus (Gemeinde Aichhalden, Landkreis Rottweil) steht der älteste Grenzstein weit und breit. Er wurde am 22. August 1558 gesetzt, wie aus der „Stainsatzung" hervorgeht. Die Jahreszahl ist bis auf die letzte Ziffer, die beschädigt ist, noch deutlich zu lesen.

Rochus Merz, vorderösterreichischer Kanzler in Ensisheim im Elsass, hatte die Herrschaft Schramberg gekauft und wollte sie territorial abrunden. Um das Gebiet dieser Herrschaft, in der auch die Herzöge von Württemberg noch Rechte besaßen, zu dokumentieren, schloss Merz 1557 den Tennenbronner Vertrag und ließ dann die Grenze versteinen. An dieser Stelle trafen die Gemarkungen von Schenkenzell, das damals fürstenbergisch war und zur Herrschaft Husen im Tal (Hausach) gehörte, die von Schiltach, das Teil der württembergischen Herrschaft Hornberg war, und eben die der Herrschaft Schramberg zusammen.

Der dreiseitige Grenzstein zeigte also den fürstenbergischen Adlerschild mit dem charakteristischen, „Wolkenfeh" genannten Schildrand, die drei Hirschstangen von Württemberg mit dem Buchstaben „W" für Württemberg und

Oben: Unter dem württembergischen Wappenschild ist noch schwach das Wappen der Falkensteiner zu erkennen.
Links: Auf der einst fürstenbergischen Seite wurde das badische Wappen eingemeißelt. Die Ziffer 8 von 1558 ist abgeplatzt.

Man sieht es auf den ersten Blick: Hier ging es um die Demonstration von Macht! Die beiden „Hoheitssäulen" stehen im Wald bei Großrinderfeld-Gerchsheim (Main-Tauber-Kreis): „Maintzisch Glaidt Zent Zoll wildtban hohe und nidere Oberkeit". Sie markieren heute noch die Landesgrenze zu Bayern. (Aufnahme 1988)

dem „J", das der Schiltacher Vogt Jentaler als Zeuge anbringen ließ, und dem Schramberger Wappen mit dem „S" für Schramberg und dem Zeichen „b" für den Obervogt Betting. Auf der Schramberger Seite ist im Wappen ein nach heraldisch links schreitender Widder auf einem Dreiberg zu sehen. Das ist das Wappen der Falkensteiner, denen einst die Herrschaft Schramberg gehört hatte. Eigentlich führten die Falkensteiner einen Hirsch auf dem Dreiberg im Schilde. Doch übernahmen sie später

vom ausgestorbenen Geschlecht der Ramsteiner deren Wappen samt dem Schramberger Besitz. Rochus Merz, der nicht adelig war, ließ das Widder-Wappen der Falkensteiner auf den Grenzstein meißeln. Der Steinmetz hat das Tier aber nicht gut getroffen, es ähnelt eher einem Hund oder einem Schaf.

Als nun 1842 die Grenze zwischen dem Großherzogtum Baden und dem Königreich Württemberg markiert wurde, haben beide in ihrer Sparsamkeit auf den vorhandenen markanten Grenzstein zurückgegriffen. Auf der fürstenbergischen Seite hat man auf das Adlerwappen das badische eingemeißelt. Die württembergische Seite ist völlig abgeschlagen worden, sodass der Stein heute keinen dreieckigen, sondern einen trapezförmigen Grundriss hat. Dafür wurde auf die Schramberger Seite mit dem nunmehr azentrischen Ramsteiner-Wappen der württember-

In der Zeit, als Baden gerade mit der exakten Landesvermessung begonnen hatte, 1853, ist dieser Läuferstein an der Grenze zu Württemberg errichtet worden. Er steht direkt neben der Staigstraße beim Zollhaus von Aichhalden (Landkreis Rottweil). Eine weitere Jahreszahl, 1805, wurde auf dem offenkundig älteren Stein angebracht, als Schiltach zu Baden kam.

gische Hirschstangen-Schild eingemeißelt. Der Buchstabe „S" fiel weg.

So ist aus dem Drei-Gemarkungs-
Stein, der als Erster gesetzt worden
war, ein nur noch zweiseitiger Grenzstein geworden. Er trägt die Ordnungs-
zahl „N 1" (von 1558) und die Jahreszahl 1842. Das „J" unter dem Schild
auf der Schramberger Seite ist als „I",
also als Nummer des Grenzsteins in
der Reihe zu lesen. Der auffällige Stein
bewahrt die Erinnerung an ein längst
untergegangenes Adelsgeschlecht und
an verzwickte Grenzverhältnisse. Die
Fürstenberger haben hier bis heute
noch ausgedehnten Waldbesitz.

Fürstenbergisches (Adler) von württem-
bergischem (Hirschstangen) Gebiet scheidet ein Grenzstein, der später auf der
Burg Husen über Hausach an der Kinzig
(Ortenaukreis) aufgestellt worden ist.

Ungewöhnliche Grenznachbarn

An der badisch-württembergischen
Grenze auf der Schwarzwaldhöhe bei
der Zuflucht finden sich einige große alte Grenzsteine von 1673. Auf der württembergischen Seite ist das große „W"
und der Schild mit den drei Hirschstangen zu erkennen. Auf der Südseite
meint man einen renaissancezeitlichen
Wappenschild Badens zu sehen. Aus
dem Schrägbalken wachsen jedoch

sechs gegenständige Pfeilspitzen heraus. „Von pfeilförmigen Zacken einge-
fasster Schrägbalken" heißt es in der
Sprache der Heraldiker. Des Rätsels Lösung bringen die Buchstaben „H S S B",
die für das Hochstift Straßburg stehen.
Das Wappen ist also das des elsässi-

Auf der Zuflucht
steht eine Reihe
dieser großen
Grenzsteine mit
dem württembergi-
schen Wappen
(links) auf der ei-
nen und dem des
Hochstifts Straß-
burg (rechts) auf
der anderen Seite.

schen Straßburg, dessen Amt Oberkirch damals an Württemberg grenzte. Es ist der Grenzstein Nummer 88, wobei das „N" – wie im mittleren und nördlichen Schwarzwald üblich – mit einem Schrägstrich in „verkehrter" Richtung geschrieben ist.

Steinkreuze

Sühne und Totengedenken

Am Haslacher Weg, an der alten Markungsgrenze zwischen Herrenberg und Haslach (Landkreis Böblingen), stößt der Spaziergänger auf ein steinernes Kreuz, das tief in der Erde steckt. Es ist noch einen halben Meter hoch und hat knapp 30 Zentimeter lange Arme. Ein Grabkreuz? Liegt hier jemand beerdigt? Nein, es ist ein Sühnekreuz, das schon rund 500 Jahre auf dem Buckel hat.

Das schon deutlich verwitterte Kleindenkmal erinnert an Lebensumstände, die uns heute fremd sind. Es ist Ausdruck von Vorurteilen und Problemen und lässt erkennen, wie Streitfälle damals nicht juristisch, sondern pragmatisch gelöst wurden. Hier, an der Gemarkungsgrenze, sollen sich, volkstümlicher Überlieferung zufolge, zwei Schäfer um Weideland für ihre Herden gestritten haben. Der Streit wurde so heftig geführt, dass am Ende beide tot auf der Strecke blieben.

Schäfer waren in der bäuerlich-handwerklich geprägten Welt des Mittelalters und der frühen Neuzeit gesellschaftliche Außenseiter. Sie lebten unstet und draußen in der Natur und fühlten sich an die Verhaltensnormen der Dörfler oder gar Städter nicht ge-

bunden. Ob es freilich zwei Schäfer waren, die hier den Tod fanden, oder ganz andere Personen, von denen einer den anderen erschlagen hat, kann niemand sicher sagen. Nur dass dem Opfer ein Sühnestein gesetzt wurde, ist augenscheinlich.

In Herrenberger Archivalien sind aus dem 15. Jahrhundert drei Fälle von Totschlagsühne überliefert. Wenn einer einen Mitmenschen getötet hatte, so kam es meist zu Blutrache und privater Vergeltung des Unrechts durch

die Hinterbliebenen des Opfers. Im Mittelalter herrschte das Faustrecht. Das führte dann zu endlosen Familienfehden, denn die staatliche Strafverfolgung war entweder unwirksam oder gar unerwünscht. Um den für die Dorfgemeinschaft nötigen Rechtsfrieden wiederherzustellen, unterstützte die Kirche den Abschluss eines Frieden stiftenden Sühnevertrages, den beide Parteien miteinander aushandelten. Solch ein Sühnevertrag sah eine finanzielle Entschädigung der Hinterbliebe-

Tief im Boden und im Gras versunken ist das rund 500 Jahre alte Sühnekreuz am Haslacher Weg bei Herrenberg. (Landkreis Böblingen)

nen vor, der Täter musste auch Ge-
bühren an weltliche und kirchliche
Vermittler entrichten. Zu den Sühne-
leistungen gehörte auch das Seelgerät,
also Opfer und Stiftungen für das Seelenheil des Getöteten. So mussten
regelmäßig mehrere Messen gelesen
werden, für die der Täter ebenso auf-
zukommen hatte wie für umfangreiche
Wachsspenden. Er bezahlte ferner die
Aufstellung eines steinernen Sühnekreuzes in der Nähe des Tatorts, zu
dem dann Opfer- und Täterfamilie ver-
söhnlich in feierlicher Bußprozession
zogen. Die dabei von jedem mitgeführ-
ten Kerzen, die nicht billig waren, gingen auch auf Rechnung des Sünders.
Der Kirche ging es also nicht nur um
seelsorgerische Belange, sie war an der
sühnevertraglichen Friedenstiftung
auch aus materiellen Gründen interes-
siert. In einem erhaltenen Sühnevertrag
von 1474 aus Herrenberg ist festgelegt,
dass der Übeltäter „zu trost und Heyl

des erslagen sele in der Marck Herem-
berg … ein steinin Crutz" setzen muss.
Wegen der besseren Öffentlichkeitswir-
kung „verlegte" man den Ort des Ver-
brechens gern an einen Weg oder eine
Straße, wo die Vorüberkommenden das
Sühnekreuz besser sehen und sich an
die Geschichte erinnern konnten.

Eine Inschrift auf dem Kreuz war
nicht erforderlich, denn die einfache
Bevölkerung hätte sie damals gar nicht
lesen können. Allenfalls sind religiöse
Symbole oder Ornamente in den Stein
eingeritzt. Vor allem aber findet man
typisches Gerät, das wohl auf den Beruf des Opfers hinweisen soll: Eine
Pflugschar oder ein Rebmesser, eine
Schippe, ein Metzgerbeil oder ein Rad

Steinkreuz bei Kraichtal-Menzingen (Landkreis Karlsruhe). Zwei Brüder sollen sich beim
Futterschneiden mit der Sichel so verletzt haben, dass sie verbluteten. Einer anderen Überlieferung zufolge sollen sich zwei Knechte
wegen eines Mädchens gestritten und gegenseitig mit Sicheln umgebracht haben.

zum Beispiel. Doch nur ein Drittel der Sühnekreuze trägt solche Symbole, ein Fünftel gar nur eine Jahreszahl, und noch seltener sind Inschriften. Die Steinkreuze nahm man gerne als Orientierungspunkte und nannte die Flur danach: Beim Kreuz, Kreuzstein, Kreuzäcker. Die hohe Zeit, Sühnekreuze zu setzen, war das 15. und 16. Jahrhundert, als dieser Brauch gängig, ja alltäglich war. Die ältesten Kreuze für Mord und Totschlag dürften aber schon 300 Jahre früher errichtet worden sein. Die Datierung ist freilich schwierig und unsicher. Gewisse stilistische Kriterien werden dazu herangezogen, denn offenbar gab es Formvorschriften („Landesbrauch"), die sich von Zeit zu Zeit änderten.

Das Schließen eines Sühnevertrags und das Setzen eines steinernen Kreuzes, das altem germanischem Rechtsdenken eher entsprach als dem zeitgenössischen moderneren römischen Recht, ist von den Beteiligten einem obrigkeitlichen Gerichtsverfahren oftmals vorgezogen worden. Erst allmählich hat sich das römische Recht, das von gelehrten Juristen angewandt wurde, gegenüber dem althergebrachten germanischen durchgesetzt. Die Constitutio Criminalis Carolina Kaiser Karls V. von 1532 betonte den Strafanspruch des Staates gegenüber dem traditionellen Sühnevertragsverfahren. Doch war dieses in Württemberg noch nach 1621 zulässig.

Auch die Reformation drängte das Sühneverfahren zurück. Die ausgefeilten katholischen Sühnezeremonien wurden verworfen. Doch der Brauch, Sühnekreuze zu setzen, blieb auch in protestantischen Gegenden lebendig.

Der Dreißigjährige Krieg, der die Bevölkerung dezimierte, ließ die Erinnerung schwinden. Der Grund für das Sühnekreuz und die Tatumstände gerieten vielfach in Vergessenheit. Man sah in dem Steinkreuz nun oftmals das Grabkreuz eines Soldaten aus dem Dreißigjährigen Krieg. In Oberschwaben verbanden sich die schlimmen Erinnerungen an den verheerenden Krieg besonders mit den Soldaten des Schwedenkönigs. Dort hießen die alten Sühnesteine daher „Schwedenkreuz". In Baden findet man das „Franzosenkreuz" und das „Russenkreuz". Entsprechende Sagen knüpfen sich an die Steine.

Im 17. bis 19. Jahrhundert, als der Staat die Rechtspflege besser in die Hand nahm, sind keine Sühnekreuze mehr gestiftet worden. Nunmehr setzte man Gedenkkreuze, die an einen tödlichen Unfall (mit dem Fuhrwerk oder durch Blitzschlag etwa) oder an einen Totschlag (wenn ein Wilderer einen Forstmann erschoss) erinnern sollten. Im Kuppinger Wald gibt es aus dem

Der Forstknechtstein im Wald von Kuppingen (Stadt Herrenberg, Landkreis Böblingen) erinnert an den gewaltsamen Tod des Jakob Seibold. Der Forstknecht ist in den 20er-Jahren des 17. Jahrhunderts an einem 2. August von einem Wilderer angeschossen worden und wenige Tage später gestorben.

frühen 17. Jahrhundert solch einen „Forstknechtstein".

Wenn Steine reden könnten, sie erzählten uns gar „erschröckliche Moritaten", Geschichten aus einer längst vergangenen Phase der Rechts- und Sozialgeschichte. Auch wenn der ehrfürchtige Schauer uns heute nicht mehr erfasst, wenn die Angst vor Spuk und Verwünschungen, die dem gelten, der das Steinkreuz beseitigt, uns nicht mehr schrecken können, wir sollten diese Kleindenkmale, hinter denen Menschenschicksale stehen, pfleglich behandeln. Allzu viele sind in unserem Jahrhundert schon verschwunden.

Gericht und Sühne bei der Linde

Aus dem 15. Jahrhundert stammt ein Tatzenkreuz in Weil im Schönbuch, Landkreis Böblingen. Kopf und Arme sind verbreitert, und am Schaft ist das ungewöhnlich erhabene Relief einer Pflugschar dargestellt. Das Sühnekreuz steht zusammen mit einem zweiten und dem Überrest eines Bildstocks in einer kleinen, 1954 gestalteten Anlage am Ortsausgang in Richtung Dettenhausen. Eine mächtige Linde und ein

Denkstein lassen erkennen, dass es sich um eine alte Gerichtsstätte handelt. Die Pflugschar deutet auf einen Bauern als Opfer hin.

Erinnerung an die alten Schweden

Nach dem Straßenbau im Jahr 1955 neu aufgestellt worden sind diese drei Sühnekreuze neben der Straße beim Ortsteil Vogt-Moser (Landkreis Ravensburg). Das linke und das rechte Kreuz stammen aus dem 16. Jahrhundert, das mittlere aus dem 17. Jahrhundert. Allenfalls auf das Kreuz in der Mitte kann sich deshalb die volkstümliche Überlieferung beziehen, nach der die Kreuze an den Dreißigjährigen Krieg und besonders an den Schwedeneinfall von 1647 erinnern sollen.

Oben: Die Sühnekreuze bei Vogt, Ortsteil Moser (Landkreis Ravensburg).

Das Tatzenkreuz in Weil im Schönbuch (Landkreis Böblingen).

Links: Nur zwei der Plattenhardter Sühnekreuze sind noch nahezu vollständig erhalten.

Unten: Mit einem Bildstock und einer Grubbank (hier nicht zu sehen) bilden die Sühnekreuze von Wendelsheim ein hübsches Ensemble.

Siebenfaches Unheil

Von den einst sechs oder sieben Sühnekreuzen bei Filderstadt-Plattenhardt (Landkreis Esslingen) sind nur noch fünf erhalten, von dreien gar nur noch der Stumpf. Die Kreuze sind in den 60er-Jahren an dieser Stelle neu aufgestellt worden. Sie stammen aus dem 15. oder 16. Jahrhundert. In Plattenhardt wird dazu überliefert, dass sie für die sechs Söhne des Schlossherren stehen, die auf dem Heimweg von einem Turnier in Streit gerieten und sich gegenseitig mit ihren Schwertern umbrachten. Nach einer anderen Version sollen es sieben Söhne eines Ritters gewesen sein. Eine dritte Variante spricht von sechs Bauernburschen, die sich um ein Mädchen stritten. Sie haben sich gegenseitig erstochen und dabei auch den Pfarrer nicht verschont, der den Streit schlichten wollte.

Idyll am Pfaffenkreuz

Am westlichen Ortsende von Wendelsheim, einem Stadtteil von Rottenburg im Landkreis Tübingen, ist vor bald 50 Jahren diese Kleindenkmalgruppe aufgestellt worden: eine Gruhe, ein Bildstock aus dem Jahr 1808 und zwei Sühnekreuze aus dem 15./16. Jahrhundert. Birken und eine Ruhebank ergänzen das Idyll. Die beiden Sühnekreuze standen früher etwas hangabwärts. Sie können mit einem überlieferten Sühnevertrag von 1514 und mit zwei Jahrtagsstiftungen von 1464 und 1565 in Verbindung gebracht werden. Die Stiftung von 1565 galt einem erschlagenen

Wendelsheimer Kaplan. Darauf bezieht sich wohl auch der Name der Flur, wo die beiden Kreuze einst standen: Pfaffenkreuze.

Das Scheibenkreuz von Königsfeld

Vermutlich aus dem 16. Jahrhundert stammt das Sühnekreuz am südlichen Ortsausgang von Königsfeld-Neuhausen (Schwarzwald-Baar-Kreis). Es zeigt auf einer runden Scheibe, die einen Durchmesser von einem halben Meter hat, im Relief ein erhabenes Kreuz mit gleich langen Armen. Wohl wegen der Form des Kreuzes wird das steinerne Scheibenkreuz in der örtlichen Überlieferung mit dem Johanniterorden in Verbindung gebracht.

Eine ungewöhnliche und seltene Form des Sühnekreuzes: das Scheibenkreuz von Königsfeld-Neuhausen.

Galgen
Hinrichtung als grausiges Schauspiel

Die hohe Gerichtsbarkeit oder auch Blutgerichtsbarkeit, also das Recht, über Leben und Tod zu richten, stand in Mittelalter und Neuzeit allein der Landesherrschaft zu. So gab es an den Zentralorten des Landesherrn makabre Stätten, wo die gefällten Todesurteile vollstreckt wurden, wo dem Verbrecher schließlich das letzte Stündlein schlug. Die Hinrichtungsstätte für die vorderösterreichische Vogtei (später Kameralamt) Triberg befand sich auf der Gemarkung Nußbach. Hoch über der bewaldeten Landschaft stand – und steht noch heute – der Galgen. Von 1721 bis 1779 wurde hier gehenkt.

Die Richtstätte musste immer außerhalb der Siedlung liegen, auf einem Berg, eben dem Galgenberg. Ausschlaggebend für die Lage war nicht so sehr, dass der Todeskandidat noch einen letzten Blick auf die schöne Heimat ringsum werfen konnte, ehe er aus dem Leben schied, als vielmehr, dass der Galgenvogel und die Hinrichtung schon von weitem zu sehen waren. Denn die Vollstreckung der Strafe hatte einen pädagogischen Aspekt. Vor allem aber war eine Hinrichtung auch ein großes und beliebtes Schauspiel im Spätmittelalter, das viele Zuschauer anzog. Neugier und Schaulust waren den Menschen zu allen Zeiten eigen.

Den Galgen – das Wort bezeichnet ursprünglich einen vertrockneten Ast – stellt man sich gewöhnlich als Pfosten mit einem rechtwinklig befestigten Querholz vor, an dessen Ende das Seil mit der Schlinge hängt. Der Triberger

Der Galgen von Triberg (Schwarzwald-Baar-Kreis). Heute fehlt ihm das Querholz, an dem der Delinquent aufgehängt wurde.

Schimpf und Schande in Hall am Kocher

An den Pranger gestellt, angeprangert zu werden, ist heute noch mit Schimpf und Schande verbunden. Bis zum Beginn des 19. Jahrhunderts wurden so in den Städten Ehrenstrafen abgesessen – nein, natürlich abgestanden. An den Schandpfahl am Marktplatz kam, wer zum Beispiel gegen die „Sittsamkeit" verstoßen hatte, also etwa bei Unzucht und Ehebruch. Aber auch Felddiebstahl wurde so gesühnt. Der ertappte Sünder wurde in Ketten geschlagen und ihm ein Halseisen angelegt. So musste er eine halbe oder eine Stunde lang am Pranger auf einem Po-

Galgen hat eine andere, aber durchaus gängige Form. Auf zwei Steinpfeilern war oben eine Querstange befestigt. Der Henker stieg mit dem gefesselten Delinquenten auf einer Leiter nach oben und machte den Strick an der Querstange fest. Wenn dann die Leiter weggezogen wurde, wurde der Todeskandidat durch das eigene Gewicht stranguliert. Das Verfahren, den Todeskandidaten auf die Falltür auf einem Podest zu stellen und ihm dann den Boden unter den Füßen wegzuklappen, ist jüngeren Datums. Es gab auch Galgen mit drei Steinpfosten, die mit Querhölzern verbunden waren.

Die Todesstrafe ist bei Mord, Raub und Totschlag am Galgen vollstreckt worden. Allerdings nur bei Männern. Frauen sind auf andere Weise zu Tode gebracht worden, durch Verbrennen, Ertränken oder Begraben bei lebendigem Leib zum Beispiel.

In Schwäbisch Hall ist der Pranger mit Halseisen noch erhalten.

dest stehen, für alle sichtbar und den hämischen Zurufen und üblen Beschimpfungen der Passanten wehrlos ausgesetzt. Ein Holzschild um den Hals gehängt tat dem Betrachter kund, welcher Missetat sich der Angeprangerte schuldig gemacht hatte.

Es war nicht so sehr der vorübergehende Freiheitsentzug, der weh tat. Schwerer wog der Schaden an der Würde und Ehre des Betroffenen, der diesen Makel kaum je wieder los werden konnte. Der gotische Pranger am Marktbrunnen von Schwäbisch Hall datiert aus dem Jahr 1509. Er ist einer der ganz wenigen, die heute noch erhalten sind, da diese Art von Bestrafung im 19. Jahrhundert aufgegeben wurde.
Zuletzt ist der Haller Pranger während des Zweiten Weltkriegs benützt worden. Eine Frau, die mit einem polnischen Zwangsarbeiter ein Verhältnis hatte, wurde von der NS-Behörde auf diese Weise angeprangert.

Auch in Maienfels (Gemeinde Wüstenrot, Landkreis Heilbronn) ist an der Schlossmauer oberhalb der Kirche ein Halseisen eines Prangers erhalten geblieben. Hier mussten die Delinquenten wenige Schritte vom Kircheneingang entfernt ihre Strafe abstehen, was sicher besonders schmählich war.

Das Landgericht von Mundingen

Der tonnenschwere Jurakalkstein steht noch nicht lange im Schatten der markanten Bäume östlich der Straße von Lauterach nach Mundingen (Alb-Donau-Kreis). 1991 hatte ihn der Bauunternehmer Hess aus Kirchen aufstellen lassen, um an eine historische Stätte zu erinnern: das Landgericht. „Landgericht" heißt (fälschlich) der ganze bewaldete Bergrücken zwischen Lauterach, Mochental, Kirchen und Mundingen, und auch der auf Landkarten im Wald westlich der Straße gesetzte Eintrag „ehem. Gerichtsstätte" ist an der falschen Stelle angebracht. Richtig aber ist, dass dieses bis ins 18. Jahrhundert als „freyplatz" bekannte Gelände einen Sonderstatus hatte. Der Platz bot Asyl, war herrschaftsfrei und wurde nicht nur von den Mundingern als Weidegelände genutzt. Die beiden mächtigen Buchen dürften noch aus dem 17. Jahrhundert stammen. Eine davon ist seit 1983 freilich nur noch eine Baumruine. Die Baumgruppe bildet eine Landmarke und weist auf den besonderen Charakter des Areals hin.

Um 1200, so besagt die Inschrift auf dem Stein, war hier die Gerichtsstätte der Grafen von Wartstein. Ihr Wappenschild ziert den Gedenkstein. Die Wartsteiner stammten aus altem Hochadel. Unter freiem Himmel hielten sie damals Gericht in Zivil- und Strafsachen. Das Tätigkeitsfeld des Landgerichts der Wartsteiner verschob sich aber immer mehr hin zu Zivilsachen. Es ging um Königsrechte, besonders aber um Streitigkeiten zwischen Angehörigen der freien Stände. Über Schenkungen, Ver-

An das Landgericht, wo Grafen unter freiem Himmel Recht sprachen, erinnert dieses Denkmal aus Jurakalk.

käufe und Güterstreitigkeiten hatte der Graf das Urteil zu verkünden.

Aber schon im 14. Jahrhundert verloren die Landgerichte wegen der vielen Befreiungen ihre Bedeutung. Nach 1300 verkauften die Wartsteiner große Teile ihres Besitzes an die Habsburger. Die Gerichtsstätte der Grafschaft Wartstein haben die Habsburger nun nach Zwiefaltendorf verlegt. Nach 1300 wurde unter freiem Himmel auf dem Landgericht nicht mehr Gericht gehalten.

Da im Mittelalter Gerichtsverhandlungen gerne an Straßen und im Schatten von Lindenbäumen stattfanden, hat die Ortsgruppe Mundingen des Schwäbischen Albvereins die Tradition wieder aufgenommen und 1953 am Landgericht zwei Gerichtslinden gepflanzt. So erinnert der Platz mit den Bäumen und dem Gedenkstein an ein Kapitel heimischer Rechtsgeschichte.

Truppenteiltafeln
Neues Ortsschild nach preußischem Vorbild

Ortsschilder sagen heute dem Reisenden, in welche Stadt, in welche Gemeinde er gerade kommt. Das war nicht immer so. Im Mittelalter gab es keine Ortsschilder. Damals sind die Menschen freilich auch selten aus ihrem Dorf herausgekommen. Jene, die berufsmäßig viel unterwegs waren, hatten Ortsschilder nicht nötig. Sie erkannten die fremde Stadt an ihren Türmen, großen Gebäuden, an der typischen topographischen Lage.

Erst im August 1811 ordnete die für Straßen, Brücken und Wasserwege zuständige Behörde – heute würde man sagen: das Verkehrsministerium – des jungen Königreichs Württemberg an, dass an Land- und Vicinalstraßen, die in Stadt und Dorf hineinführen, ein

Ortsschild aufzustellen sei, das den Namen der Siedlung nennt. Das Schild, eine gelbe Tafel mit schwarzer Inschrift, solle auf einem acht Fuß (rund zweieinhalb Meter) hohen Holzpfahl oder einer steinernen, manchmal auch einer gusseisernen Säule angebracht sein (siehe beispielsweise das nachempfundene Ortsschild von Prevost, Seite 87).

Nach der Gründung des Deutschen Reiches 1871 kam das Königreich Württemberg unter preußischen Einfluss. Vor allem im Militärwesen. Zwar erhielt das Königreich Sonderrechte, wie auch Sachsen und Bayern, doch wurden Württemberger in preußischen Kadettenanstalten ausgebildet, preußische Unteroffiziere taten Dienst an Neckar und Donau.

Seit 50 Jahren schon waren in Preußen die Dörfer und Weiler mit Schildern versehen, aus denen die militärische Zuordnung seiner Bewohner hervorging. Diese Truppenteiltafeln sollten nun auch in Württemberg eingeführt werden. Das Generalkommando des XIII. (Königlich-Württembergischen) Armeekorps in Stuttgart regte dies 1874 an. Die neuen Schilder waren ein Aspekt der vielfach verhassten „Verpreußung". Sie dokumentieren mit der doppelten Zählung, der reichseinheitlichen und der württembergischen, aber auch das zähe Ringen um die Eigenständigkeit Württembergs gegenüber dem preußisch dominierten Reich.

Das Beharren auf der (eingeschränkten) Selbstständigkeit dokumentiert übrigens auch die württembergische Uniform. Artikel 10 der württembergisch-preußischen Militärkonvention von 1870, die sonst auf möglichst vollständige Angleichung an das preußische

Vorbild bedacht war, erlaubte den Württembergern in diesem, in die Öffentlichkeit hineinwirkenden Punkt, eine Ausnahme. Bis zum Tode König Karls, 1891, trug württembergische Infanterie den fast schwarzen, zweireihigen Waffenrock nach österreichischem Muster und die Dragoner den blauen.

Die Wehrpflichtigen – das waren Männer im Alter zwischen 17 und 45 Jahren – sollten jederzeit wissen, zu welchem Truppenteil sie gehörten und wohin sie sich im Mobilmachungsfall zu begeben hätten. Auch wer von einem Oberamt ins andere umziehe, könne so leicht seine neue militärische Einheit erkennen, wurde argumentiert. Unausgesprochen stand die Absicht dahinter, Pannen, wie es sie bei der Einberufung zum 70er-Krieg namentlich auf dem flachen Land gegeben hatte, künftig zu vermeiden. Das Kriegsdienstgesetz vom 12. März 1868, das in Württemberg die allgemeine Wehrpflicht regelte, war damals nicht überall beachtet worden. Mancher Reservist hatte wohl mit Blick auf landwirtschaftliche Notwendigkeiten vorgegeben, nicht zu wissen, zu welchem Truppenteil er gehörte.

Die Gestellungspflicht traf vor allem die Reservisten, die nach drei Jahren Ausbildung und Dienst im Heer für fünf Jahre der Reserve angehörten. Danach wurden sie zur Landwehr überstellt, zunächst für fünf Jahre zum 1. Aufgebot, dann bis zum 39. Lebensjahr zum 2. Aufgebot. Anschließend kamen sie zum Landsturm, dem auch alle Nichtgedienten bis zum 45. Lebensjahr angehörten. Von den als tauglich Gemusterten – sie mussten mindestens 1,57 Meter groß sein – wurde im Losverfah-

Die obere Hälfte dieser Truppenteiltafel am Rathaus in Pfahlbronn (heute zu Alfdorf im Rems-Murr-Kreis gehörig) nehmen zivile Verwaltungsangaben ein (Oberamt, Gemeinde), die untere Hälfte die militärischen (Bataillon, Regiment, Kompanie). Bewusst an erster Stelle steht die württembergische Regimentszahl „6" vor der reichseinheitlichen „124".

Zum Teil schon zugewachsen ist die Truppenteiltafel über dem Brunnen am Rathaus in Lenningen-Brucken im Landkreis Esslingen.

Als Abguss hängt die Truppenteiltafel von Fellbach zusammen mit weiteren heute im Landratsamt des Rems-Murr-Kreises in Waiblingen.

ren bestimmt, wer tatsächlich zum Wehrdienst eingezogen wurde. Die „überzähligen" Tauglichen und die bedingt Tauglichen sind für zwölf Jahre als Ersatzreserve geführt worden und kamen danach zur Landwehr, 2. Aufgebot.

Das Ministerium des Inneren hat am 21. November 1876 angeordnet, dass die alten Ortsschilder durch die neuen Tafeln mit den Truppenteilangaben ersetzt werden. Vielfach sträubten sich die Gemeinden aus Kostengründen dagegen, die alten gegen die neuen Tafeln auszutauschen. So dauerte es bis zum 20. Dezember 1878, bis schließlich alle Kommunen solche gusseisernen weiß lackierten Tafeln mit schwarzer Schrift

und grauem oder bronziertem Rand angeschafft hatten. Nicht überall standen sie auf gusseisernen Pfählen („Stöcken") am Ortseingang, wie das Militär es gewünscht hatte. Viele waren an Rathäusern angebracht, wie heute noch zum Beispiel in Brucken (Lenningen, Kreis Esslingen) oder Pfahlbronn (Alfdorf, Rems-Murr-Kreis).

Die Tafeln aus Gusseisen lieferten die Königlichen Hüttenwerke in Wasseralfingen (heute Schwäbische Hüttenwerke SHW), das Stück zu rund zehn Gulden. Der Preis war abhängig von der Zahl der gegossenen Buchstaben. Solche Truppenteiltafeln haben aber auch andere Gießereien geliefert, zum Beispiel Schilling in Cannstatt. Das könnte die in Schrift und Umrahmung abweichenden Formen und Farben der Tafeln erklären, obwohl das Ministerium des Inneren exakte Musterzeichnungen vorgelegt hatte.

Das Schild nennt zuoberst das Oberamt (vergleichbar, wenn auch kleiner, dem Landkreis), in dem der Ort liegt, und dann die Kommune. Das konnte eine Stadt, eine Gemeinde oder Stabsgemeinde, ein Dorf oder ein Pfarrdorf (also ein Dorf mit selbstständiger Pfarrei) sein.

Darunter folgen dann die militärischen Angaben: Kompanie, Bataillon und Regiment. Das Königreich stellte damals acht Regimenter Infanterie zu jeweils rund 4000 Mann, die im Reich durchnummeriert die Ziffern 119 bis 126 trugen. Das Infanterieregiment 126 war noch 1871 nach Straßburg im Elsass verlegt und dem preußischen XV. Armeekorps zugeordnet worden.

Neben das aktive Heer („Linie"), zu dem die Rekruten eingezogen wurden, traten im Kriegsfall die entlassenen Wehrpflichtigen, die Landwehr und die Reservisten, die zwischen 20 und 39 Jahre alt waren. Diese Landwehrmänner sind ebenfalls in Regimentern zu zwei bis vier Bataillonen zusammengefasst gewesen. Jedes Bataillon setzte sich aus vier Kompanien à 200 bis 250 Mann zusammen. Garnisonsorte in Württemberg waren Lud-

Hübsch anzusehen, aber nicht originalgetreu restauriert, hängt diese Truppenteiltafel am 1893 errichteten Rathaus in Wendelsheim. (Heute Stadtteil von Rottenburg, Landkreis Tübingen)

Diese renovierte Truppenteiltafel steht im Weiler Hermersberg. (Stadt Niedernhall, Hohenlohekreis)

wigsburg, Stuttgart und Ulm. Seit den 60er-Jahren des 19. Jahrhunderts kamen neue Standorte hinzu. Leer stehende Klöster, Anlagen des Deutschen Ritterordens oder Schlösser wurden umfunktioniert: Mergentheim, Ellwangen, Schwäbisch Hall, Schwäbisch Gmünd, Weingarten. Friedrichshafen, Ulm-Wiblingen, Tübingen, Heilbronn und Esslingen beherbergten eines oder mehrere Bataillone. Andere Oberamtsstädte nahmen kleinere Einheiten, die Kompanien, auf. In Kirchheim/Teck etwa waren Mannschaften und Material im „Kaserne" genannten Freihof untergebracht, wo in Friedenszeiten sommers der große Wollmarkt stattfand.

Die württembergischen Truppenteilschilder sind heute selten und fast nur noch im Museum zu finden. Nach dem Ersten Weltkrieg hatten sie ihre Funktion verloren. Altmetallsammler und Souvenirjäger nahmen sie gerne mit. Erhalten sind nur noch etwa zwei Dutzend, die meisten davon in der Region Stuttgart: zwei im Landkreis Esslingen, eines im Landkreis Ludwigsburg und neun im Rems-Murr-Kreis. Allein sechs hängen als Nachgüsse im Landratsamt in Waiblingen.

Diese Kleindenkmale sind wichtige Zeugen der württembergischen Militärgeschichte, über die heute nur noch wenige Bescheid wissen. Damals waren die Landwehrtruppenteile nach Oberämtern gegliedert. Die Soldaten in der Kompanie stammten noch überwiegend aus der Nachbarschaft und verstanden sich gut. Das hat den Zusammenhalt der Truppe und ihre Schlagkraft, die im Ersten Weltkrieg gerühmt wurde, gestärkt.

Wie ist doch gleich die Adresse?

Dass ein Mensch eine Adresse hat, wo er arbeitet oder wohnt und wo man ihn erreichen kann, ist in früheren Zeiten nicht üblich, jedenfalls nicht selbstverständlich gewesen.

Im Mittelalter und in der frühen Neuzeit haben die wenigsten Menschen schreiben und lesen können. Die Bauern und Bürger haben sich keine Briefe geschickt. Und so hätten sie mit einer exakten Anschrift, wie wir sie heute kennen, mit Straßennamen und Hausnummer – von der Postleitzahl ganz zu schweigen – gar nichts anzufangen gewusst. Innerhalb des Orts kannte man sich und wusste, wer wo wohnte. Im 14. Jahrhundert trugen zuerst in den Städten, später auch in den Dörfern, die Straßen und Gassen Namen, die eine Orientierung erleichterten.

Einzig die Urkundsschreiber und Notare und die Steuerschätzer taten sich mit der „Adressenlosigkeit" schwer. Bei Grundstücksgeschäften und für die Steuerveranlagung mussten sie ja schriftlich und auch später identifizierbar die Immobilie bezeichnen. Also umschrieben sie die Lage. „Zwüschen dem bach und dem kurz gässlin", „neben Hinzens haus bey der kirchen", „stosst hinden an den garten von Kunzens wittib" oder „unterm thor", „liegt neben der herrschaft mühlin", lauten typische Formulierungen.

Vor allem in den freien Reichsstädten, in geringerem Maße und mit Verzögerung auch in den württembergischen Landstädten, wo sich im 12. Jahrhundert der Adel niederließ

Oben: Zierde und Herrschaftszeichen zugleich ist das Relief mit dem österreichischen Doppeladler an der Zehntscheuer in Rottenburg. (Landkreis Tübingen)

Oben links: Auch Handwerker haben schon früh Wappen geführt. Ein Bäcker in Besigheim (Landkreis Ludwigsburg) hat 1554 an seinem Haus dieses auf seinen Beruf hinweisende Zeichen angebracht.

Mitte links: Aus der Zeit, als die Häuser im Ort schon durchnummeriert waren, stammt dieses Haus in Besigheim, das die Zwischennummer 302/4 (oder 302 1/4) erhielt.

Unten links: Schmucklos ist das Hauszeichen eines Wengerters in der Türkengasse 4 in Besigheim: Ein Rebmesser und die Jahreszahl 1555.

und in einem Stadthaus residierte, ist das Problem der fehlenden Anschrift schon früh anders gelöst worden. Hier trugen einzelne Häuser einen Namen.

Der Name richtete sich nach dem Besitzer: „Späthsches Haus", „Rechberger Hof". Manchmal war die Lage des Gebäudes in der Stadt namengebend: „Haus am Tor", „Haus beim Lindenbaum". Öfter aber sind bestimmte Kennzeichen für den Hausnamen maßgebend gewesen: das „Rote Haus" (aus Buntsandstein oder mit prächtigem, kräftig rot gestrichenem Fachwerk)

oder „Zur Katz", weil eine Katzenfigur überm Tor als Zierde angebracht war, oder „Zum Greifen", wo dieses Fabeltier den Wappenschild des Hausherrn schmückte. Zierrat an Häusern, plastischer, gemalter oder architektonischer, mit dem der Besitzer sein Haus – und damit auch seine Person – aus der Masse der anderen herausheben wollte, ist im Mittelalter und vor allem in der Neuzeit nicht selten. Diese selten künstlerisch hoch stehenden Kleindenkmale an den Häusern haben sich manchmal bis heute erhalten. Im 19. und Anfang des 20. Jahrhunderts sind neue hinzugekommen. Wie öffentliche Gebäude dienten die Häuser mit Namen früher als Orientierungspunkte in der Stadt. An ihnen machte man die Lage der anderen, namenlosen Gebäude fest.

Den Adeligen, die schon im 12. Jahrhundert Wappen führten, haben es die zu Wohlstand und Ansehen und damit zu größerem Selbstbewusstsein gelangten Bürgerlichen nachgemacht. Seit dem 16. Jahrhundert führten auch sie vereinzelt Wappen, die sie über der Haustüre anbringen konnten. Die heraldischen Elemente haben dem Ge-

bäude dann mitunter einen Namen verliehen.

Hinzu kommt, dass die Handwerker und Wengerter ihre Zunftzeichen, ein charakteristisches Arbeitsgerät oder Produkt, als Erkennungsmerkmal anbrachten. Das Mühlrad oder das Reb-

Der Weinhändler Johann Georg Reich und seine Frau C. B. Reich(e) haben am Marktplatz 4 in Schiltach (Landkreis Rottweil) 1792 ihr Haus errichtet, wie das sprechende Hauszeichen, ein Glas, eine Flasche und ein Fass, erkennen lässt.

Ein Fischer hat in diesem Haus mit dem goldenen Fisch in der Lauerstraße in Heidelberg gewohnt. Das im Kern aus dem 16. Jahrhundert stammende Haus ist in der ersten Hälfte des 18. Jahrhunderts barock umgebaut worden.

Der fürstenbergische Kastenmesser und Wagner Philipp Blasius Schmider und seine Frau Katharina Neef haben sich in der Schloßstraße 38 in Wolfach 1785 ein Haus gebaut. Stolz rahmen ihre Initialen („PH SH" und „CH N") das Zunftzeichen der Wagner, ein Rad, ein. Als die Wagnerei in den 1950er-Jahren durch einen Neubau ersetzt wurde, hat man den Türsturzstein übernommen.

Ein Ochsenkopf und drei Werkzeuge eines Metzgers verraten den Beruf des Hausherrn in der Schloßstraße 20 in Wolfach (Ortenaukreis). Das Haus wurde nach dem großen Stadtbrand 1800 erbaut.

messer, die Brezel oder das Metzgerbeil machten jedem Passanten klar, welchen Beruf der Bewohner ausübte. Ein Firmenschild „Küfer Hans" oder „Schuster Fritz" hätte kaum Einer verstanden. Steinmetze verwendeten ihr gewohntes Steinmetzzeichen. Im 17. und 18. Jahrhundert haben übrigens sehr viele Hausbesitzer nicht nur Baujahr und Berufszeichen ins Türgewölbe eingemeißelt, sondern auch ihre und ihrer Frau Initialen.

Die Zahl dieser mit Namen oder bestimmten Zeichen versehenen und sich damit von den anderen unterscheidenden Häuser ist gewachsen. Im alten Württemberg sind sie nicht sehr verbreitet. Der häufige Besitzerwechsel,

ausgelöst durch die geltende Realerbteilung, hat einer Verfestigung des Namens entgegengewirkt. Anders in den größeren Reichsstädten, zum Beispiel Freiburg. So müssen schon im 16. Jahrhundert die charakteristischen Hausnamen dort derart zahlreich gewesen sein, dass der Rat der Stadt schließlich beschloss, sämtliche Häuser mit Namen zu versehen. Freilich hielten sich nicht alle daran, und die meisten Namen sind nach der Einführung der Hausnummerierung wieder in Vergessenheit geraten.

Mit dem Abschied von den anschaulichen, persönlichen Hauszeichen und Hausnamen, an denen der Mensch des Mittelalters sich orientiert hat, beginnt die Neuzeit in den Städten.

Ordnungsdenken, Systematisierung und Abstraktion, die mit der fortschreitenden Verrechtlichung und Bürokratisierung des Lebens einhergehen, sprachen für das farblose, aber einheitliche Nummerieren der Häuser. Die Hausnummerierung war zunächst freilich noch nicht gar so systematisch genau wie heute, wo die Häuser auf der linken Straßenseite ungerade, die auf der rechten Seite gerade Nummern erhalten – das Ganze ausgehend vom Orts-

Oben: Das Hauszeichen des Bäckermeisters Johannes Georg Rösch (I G R) und seiner Frau Anne Marie Rösch (A M R) aus Besigheim (Landkreis Ludwigsburg), angebracht bei einem Umbau 1768, wird bekrönt vom Zunftzeichen der Bäcker.

Links: Matthäus Ybenbach war 1534 bis 1551 Bürgermeister in Besigheim. Sein stattliches Haus Auf der Mauer 1 schmückt an zwei Stellen ein bürgerliches Wappen, ein Herz mit einem Kreuz – eine Modeerscheinung der Renaissancezeit.

kern. Der Weg des Steuereintreibers bestimmte damals die Reihenfolge. Wenn er von Haus zu Haus ging, bewegte er sich nicht stets im Zickzack durch die Straßen, sondern erledigte auch mal zwei, drei Häuser hintereinander auf der gleichen Straßenseite, ehe er auf die andere überwechselte.

Ein berühmtes Parfüm, das Kölnisch Wasser 4711, erinnert bis heute daran, dass ein französischer Besatzungsoffizier 1796 in Köln angeordnet hatte, alle Häuser durchzunummerieren. Mit weißer Kreide schrieben die Soldaten die fortlaufende Hausnummer an. Das Haus des Kaufmanns Wilhelm Mülhens, der seit 1792 in der Kölner Glockengasse sein aqua mirabilis, sein Eau de Cologne, herstellte, erhielt die Hausnummer 4711.

In Besigheim am Neckar (Landkreis Ludwigsburg), einer ungleich kleineren

Links: 1709 haben sich Johannes Braun und seine Hausfrau Ana Maria – so die Inschrift – dieses Haus An der Bachanlage 2 in Oberkirch (Ortenaukreis) gebaut. Das Metzgerbeil verrät den Beruf des Hausherrn.

Mitte: Zwei gekreuzte Schabeisen und ein Scherbaum sind das Hauszeichen eines Weißgerbers im Schiltacher Gerberviertel Nr. 12. Der Ahnherr der Schiltacher Gerberfamilien, Hanß Caspar Trautwein, hatte das Haus 1674 erbaut. 1808 wurde es umgebaut.

Rechts: Mit der Strumpfwirkerei – das Hauszeichen lässt einen Strumpf mit Wollknäuel erkennen – hat Margarethe, die Frau des Schiffers und Wirts vom Engel, Christian Trautwein, noch 1834 zum Unterhalt beigetragen, als die beiden das Haus Marktplatz 6 in Schiltach (Landkreis Rottweil) bauen ließen.

Stadt, hat sich am Haus 32 in der Vorstadt noch eine alte Hausnummer erhalten. 1830/32 waren hier alle Häuser durchnummeriert worden. Als dieses Haus 1867 erbaut wurde, musste man deshalb eine Zwischennummer vergeben. „N 302/4" (oder „302 1/4") liest man auf dem steinernen Türsturz. Das Haus 34 daneben erhielt die Nummer „302/2" (oder 1/2). Heute lässt man bei unbebauten Grundstücken in einer Straße eine entsprechende Zahl von Nummern frei.

Im 18. Jahrhundert ist auch in vielen anderen Städten, zum Beispiel Marbach am Neckar (Landkreis Ludwigsburg), die Hausnummerierung eingeführt worden. Die Gebäudebrandversicherung, in Württemberg 1773 eingerichtet, verlangte nach einer unmissverständlichen Kennzeichnung. Bald zeigte es sich aber, vor allem in den größeren Städten, dass das Durchnummerieren aller Häuser unpraktisch war. Etwas übersichtlicher wurde es, als man die Städte in vier Stadtviertel aufteilte, die mit den Buchstaben A bis D bezeichnet wurden, und die Durchnummerierung innerhalb eines Quartiers erfolgte. In Ulm mit seinen damals (geschätzt) 1300 Häusern war dies vor der Wahl zur Nationalversammlung 1848 geschehen. In Stuttgart natürlich auch, wie ein Stadtplan von 1855 zeigt. In der zweiten Hälfte des 19. Jahrhunderts ist dann die straßenweise Nummerierung eingeführt worden, wobei, so wird aus Tübingen berichtet, der Hausnummer noch der Quartier-Buchstabe hinzugefügt wurde.

Die Hauszeichen sind übrigens mit den Haus- und Hofmarken nicht zu verwechseln. Diese sind familienbeziehungsweise hofgebundene Besitzmarkierungen am Haus, aber auch auf Geräten und als Brandmarken beim Vieh. Die Haus- und Hofmarken, meist Kerben oder Striche, sind viel älter als die Hauszeichen. Man bringt sie mit den germanischen Schriftzeichen, den Runen, in Verbindung. In der Region Stuttgart kommen die Hausmarken kaum vor, in Norddeutschland und im Schwarzwald wurden sie bis ins 20. Jahrhundert hinein verwendet.

Hausnamen und Hauszeichen, oft der Stolz ihres Besitzers, gibt es noch heute. Und noch heute dienen sie zur Orientierung und sind im Volke bekannter als die postalische Adresse. „Der neue Ritter", ein Haus von der Jahrhundertwende, ist ein Begriff in Esslingen, aber wie ist die Adresse? Unter Bahnhofstraße 26 kennt kaum jemand das Gebäude. Und so geht es auch mit dem neuen „Dick", dem neuen Großkino und Freizeitcenter, die in der ehemaligen Feilenfabrik Dick eingerichtet wurden (postalisch: Käthe-Kollwitz- Straße 1).

Rechts: Bildstock aus Keupersandstein bei Schöntal-Altdorf (Hohenlohekreis).

Vom Glauben
und Aberglauben

Flurkreuze

Stille Einkehr am Wegesrand

Der Urlauber findet sie in Oberschwaben und im Allgäu oder im „Madonnenländchen" an Main und Tauber fast auf Schritt und Tritt. Kruzifixe am Wegesrand, Bildstöcke und Heiligenfiguren. Sie sind Teil eines stimmungsvollen Landschaftsbildes, ein beliebtes Postkartenmotiv. In der Region Stuttgart sind solche religiösen Kleindenkmale selten. Sind oder waren die Menschen hier weniger religiös? Mit Blick auf die pietistischen Eiferer lässt sich diese Frage wohl verneinen. Es gibt einen anderen Grund: Altwürttemberg ist seit der Reformation über Jahrhunderte hinweg ein (fast) rein protestantisches Gebiet gewesen, das der Kunst und der Abbildung im Bereich des Glaubens distanziert gegenüberstand.

Anders in katholischen Gebieten, wo besonders das Barock viele kunstvolle Skulpturen hinterlassen hat. Wo man in Württemberg solche steinernen (seltener auch hölzernen) Zeugen des Glaubens in Feld und Flur findet, gehört das Land erst seit dem Ende des Heiligen Römischen Reiches Deutscher Nation und der napoleonischen Neuordnung zu Beginn des 19. Jahrhunderts zu Württemberg.

Bis dahin war es Herrschaftsgebiet von noch dem alten Glauben verhafteten Adeligen, wie den Herren von Neuhausen oder den Grafen von Rechberg, war Besitz des Deutschritterordens wie Dätzingen, gehörte zur nach 1580 rekatholisierten Grafschaft Wiesensteig der Helfensteiner oder zum Territorium einer der wenigen nicht protestantisch gewordenen

In der Region Stuttgart selten: Christuskreuze wie hier in Weil der Stadt (Landkreis Böblingen).

Vor wenigen Jahren ist das eiserne Feldkreuz im Gewann „Bei der Buche" in Stühlingen-Mauchen (Landkreis Waldshut) von einem Privatmann gerichtet worden.

Von zwei Bild-
stöcken flankiert
steht an der Bun-
desstraße 312 bei
Zwiefalten (Land-
kreis Reutlingen)
dieses Kruzifix.

Reichsstädte wie Weil der Stadt im Kreis Böblingen.

Ein Hochkreuz mit Kruzifix am Straßenrand oder auf dem Feld ist so ein Zeuge nicht nur kirchlicher, sondern auch vergangener politischer Verhältnisse. Und diese wirken bis in die Gegenwart hinein. Noch heute, da die Menschen der großen christlichen Konfessionen längst bunt gemischt zusammenleben, finden sich Kreuze nur in Gebieten mit katholischer Vergangenheit, sind also Glaubens- und Geschichtszeugnisse zugleich.

Das hölzerne Christuskreuz an der Schafhauser Straße in Weil der Stadt ist vermutlich von Maria Sauter, geborene Schütz, etwa um 1830 gestiftet worden – so hat ein Nachfahr, der Hei-

mathistoriker Siegfried Schütz, ermittelt. Die betuchte Frau, verwandt mit der aus der Gegend von Genf zugewanderten vermögenden Tuchmacherfamilie Gaudy, hat mehrere kirchliche Stiftungen gemacht. Der Anlass für die fromme Stiftung liegt im Dunkeln. Das ist meistens so. Mündlicher Überlieferung ist oft nicht zu trauen. Auch dort, wo eine Inschrift erläutert „Zur Ehre Gottes" oder die Vorübergehenden zu stiller Einkehr und zum Gebet am Wegesrand auffordert, wird die Absicht des Stifters nicht klarer. Wegkreuze sind einfach Zeichen der Volksfrömmigkeit vergangener Zeiten, in denen Glauben und Leben noch eng miteinander verbunden waren. Buchstäblich von der Wiege bis zur Bahre lebte der

Oben: Auf der Blindensteige, neben der Straße von Granheim (heute Stadt Ehingen/Donau im Alb-Donau-Kreis) nach Mundingen, steht dieses schmiedeeiserne Feldkreuz auf einem Kunststeinsockel. 1911 hatte es der Schmied Buck, der im Jahr zuvor seine Meisterprüfung abgelegt und die elterliche Landwirtschaft übernommen hatte, aufgestellt. Das Hagelkreuz ist in den 50er-Jahren restauriert und vom Sohn des Stifters 1997 gründlich renoviert worden.

Rechts: 1929 haben in schwerer Zeit laut Inschrift Reinhard Thomma, seine Frau Klara, geborene Berberich aus Freiburg, und Joh. Thomma, Schmied, samt Ehefrau dieses steinerne Feldkreuz mit einem bronzenen Christus bei Wendelsheim (heute Stadt Rottenburg, Landkreis Tübingen) gestiftet.

Mensch mit der Religion. Nicht nur der sonntägliche Kirchgang, die Beichte am Samstag, die Kirchweih (Kirmes) und die Fasnet waren fester Bestandteil des Lebens. Auch im Alltag spielte der Glaube vielfältig eine gewichtige Rolle. Heute kann man sich das kaum mehr vorstellen.

Wie die meisten Christuskreuze wird auch dieses ein Votivkreuz sein, das die Stifterin aufgrund eines Gelöbnisses

(„ex voto") aufstellen ließ. Es mag um das eigene Seelenheil gegangen sein oder um profanere Dinge: Dass der Mann im Krieg oder auf Reisen vor Unheil bewahrt bleibe, dass die Geschäfte gut gelaufen sind, dass Hungersnot oder eine schwere Krankheit überstanden wurde. Dank oder Buße finden hier ihren sichtbaren Ausdruck. Dem

Gedächtnis an eine Person oder an ein Ereignis, dem Lobpreis Gottes können solche Kreuze gewidmet sein oder dem Schutz vor Pest und Unwettern. So lassen sich die Pest- und die Blitz- und Hagelkreuze in Feld und Flur deuten.

Noch heute gibt es solche Zeugnisse der Volksfrömmigkeit beispielsweise in Weil der Stadt. Vor drei Jahren ist an der Ostelsheimer Steige ein Betonkreuz (ohne Christusfigur) von einer Frau gestiftet worden. Mit einem kleinen Altartisch versehen bildet das Kreuz eine Station bei der Himmelfahrtsprozession im Hönig. Und im Altfeld ist 1996 ein weiteres Kreuz hinzugekommen. Die Tradition lebt fort.

Das Holzkreuz mit der farbigen Figur des Gekreuzigten ist vor rund 50 Jahren renoviert worden. Auch im Winter wird es regelmäßig mit Blumen geschmückt. Bald schon soll es dem geplanten Ausbau der Schafhausener Straße im Zuge der Südumgehung Weil der Stadts weichen. Das religiöse Kleindenkmal wird dann ein Stück versetzt.

Kruzifix mit Schmerzensmutter von Lautenbach

Aus rotem Buntsandstein, wie er für den mittleren und nördlichen Schwarzwald typisch ist, ist dieses mehr als vier Meter hohe barocke Feldkreuz an der Bundesstraße 28 bei Lautenbach im Ortenaukreis gefertigt. „Sicht hier Iesus in den Schmertzen. Liebe ihn von gantzen Hertzen. Fideli Walter Thäresia Vogtin", liest man auf dem umkränzten Inschriftenmedaillon. Fidelis Walter und seine zweite Ehefrau, eine

Im Renchtal stehen einige Votivkreuze aus Buntsandstein. Hier das von Lautenbach.

Links: Am Ortseingang von Mengen-Rulfingen (Landkreis Sigmaringen) steht neben der Bundesstraße 311 dieses in seiner Form ungewöhnliche steinerne Kruzifix. Die Inschrift lautet: „Christus der Gekreuzigte, vielen ein Ärgernis und eine Torheit, uns aber Gottes Kraft und Weisheit".

geborene Vogt, haben 1801 dieses Kreuz als Dank dafür gestiftet, dass sie und ihr Hof die Kriegsläufte um die Jahrhundertwende, als die Franzosen mehrfach durchs Renchtal zum Kniebis zogen, unbeschadet überstanden hatten. Am Kreuz mit seinen kleeblattartigen Enden hängt über dem Gekreuzigten eine INRI-Fahne. Auf dem Sockel steht eine meterhohe Schmerzensmutter mit Faltengewand und Schleier. Das Feldkreuz ist nach einem Verkehrsunfall 1980 durch den Steinbildhauermeister Michael Huber aus Oberkirch 1983 erneuert und von Restaurator Franz Baumann mit Gold eingefasst worden.

Nicht nur die Größe, auch der Anlass für die Aufstellung unterscheidet das kleinere Sühnekreuz vom Feldkreuz bei Albbruck-Unteralpfen.

Zwei Kreuze wie Mutter und Kind

Über die Errichtung des drei Meter hohen Feldkreuzes an der Waldshuter Gaß (dem Weg nach Gaiß) in Albbruck-Unteralpfen (Landkreis Waldshut) ist nichts bekannt. Es trägt die Jahreszahl 1749 zwischen zwei gestreckten Händen. Die Hände weisen den Weg nach Waldshut und nach Unteralpfen. Am Schaft und am Sockel befindet sich ein nicht mehr deutbares Relief. Das kleine Steinkreuz daneben nennt auf dem Querbalken die Jahreszahl 1766. Es soll für einen zu Tode gekommenen Buben errichtet worden sein, der an diesem Ort auf seine Mutter wartete. Dabei soll er im Schneesturm „erstickt" oder erfroren sein oder – da weichen die örtlichen Überlieferungen voneinander ab – vom Feldkreuz, auf das er geklettert war, um Ausschau nach der

Mutter zu halten, heruntergestürzt sein und sich das Genick gebrochen haben.

Sehr stilvoll und bedacht haben badische Geometer in den abgebrochenen und wieder zementierten Schaft des Kreuzes eine metallene Höhenmarke eingelassen. So kann, wer will, die Fallhöhe des unglücklichen Kindes in exakten Zahlen über NN errechnen.

Dank für glückliche Heimkehr

Aus dem Jahr 1679 stammt dieses Feldkreuz am Hang über dem Dörfle von Albbruck-Unteralpfen (Landkreis Waldshut). Der Querarm ist 1996 erneuert worden. Nicht ohne Grund steht das Kreuz auf einem alten Mühlstein. Denn es soll der Unteralpfener Müller

Adam Tröndlin gewesen sein, der das Votivkreuz gestiftet hat. Die Ortschronik berichtet, Tröndlin sei Steuereinnehmer für das Kloster St. Blasien gewesen und damit bei den Hotzenwälder „Salpeterern" eine wenig geschätzte Person. Oft hätten ihm die aufrührerischen Hotzenwäldler aufgelauert, wenn er nachts von einem Dienstgang nach Waldshut zurückkehrte. Einmal, als sie ihn halb tot geschlagen, Tröndlin aber den Anschlag überlebt hatte, habe er das Votivkreuz gestiftet. Die Bronzetafel mit einem Gedicht hat Franz Mader 1985 hinzugefügt, ein Mann, der sich um die Erhaltung und Pflege von Kleindenkmalen gekümmert hat.

Der nachgebildete Querarm und die eherne Gedichtstafel fallen bei dem Votivkreuz von Albbruck-Unteralpfen gleich ins Auge.

Unterwegs im „Madonnenländchen"
Die „Vierzehn Nothelfer" sind heute noch lebendig

Im Taubertal und im Bauland, also, ganz grob umrissen, im Raum Eberbach – Walldürn – Wertheim – Tauberbischofsheim – Bad Mergentheim – Mosbach, fällt der Blick alle paar hundert Meter auf einen Bildstock am Straßenrand. „Madonnenländchen" hat die Fremdenverkehrsbranche dieses Gebiet vor etwa 50 Jahren getauft, und in der Tat prägen die Bildstöcke und Madonnendarstellungen diese Gegend in ganz besonderer Weise.

Die frühesten datierten Bildstöcke dieser Landschaft stammen aus dem 15. Jahrhundert. Als ältester gilt das Auferstehungsbild von 1423 in Werbach-Gamburg (Main-Tauber-Kreis). Der Dreißigjährige Krieg war Ursache der Erstellung vieler Bildstöcke. Die meisten aber stammen aus der Zeit des Barock. Das frühe 18. Jahrhundert stand besonders im Zeichen des Bekenntnisses zum katholischen Glauben – vor allem in Landschaften, in denen die Gegenreformation Fuß gefasst hatte. In den großen Barockkirchen bestätigt sich dies genauso wie in den zahlreichen Marienbildern und Bildstöcken des Tauber- und Baulandes. Die Inschriften unterstreichen dies: „Zu Lob und Ehre Gottes", „Zur Ehre der allerseligsten Jungfrau Maria".

Die Formenwelt der Bildstöcke ist ungemein vielfältig: Am Anfang stand sicher das Kreuz. Daraus haben sich Bildtafeln entwickelt, die auf einer Säule stehen und sich so von Steinkreuzen abheben und noch auffallender wirken. Ganz einfach gearbeitete Bildstöcke ste-

Die plastische Formensprache der Bild-
tafel dieses Bildstocks in Königheim-Pülfringen ist typisch für die zweite Hälfte
des 17. Jahrhunderts.

hen neben ausgesprochenen Kunstwer-
ken. Formen der Renaissance mit vorwiegend linearen Ornamenten wechseln
mit Bildstöcken in plastischer Formensprache, wie sie typisch ist für die
zweite Hälfte des 17. Jahrhunderts. Die
meisten Bildstöcke sind von der üppigen
Fülle der Barock-Formenwelt gekennzeichnet, und schließlich gibt es auch
klassizistische Formen mit schlichter
Verzierung in strenger Symmetrie.

Der Bildstock in der Ortsmitte von Königheim-Pülfringen (Main-Tauber-Kreis) in der
Gesamtansicht.

Das Material ist fast durchweg der
Buntsandstein, der im östlichen Oden-
wald und im nördlichen Taubertal ansteht und sich hervorragend für bild-
hauerische Zwecke eignet. Die roten
Bundsandstein-Bildstöcke in der von
vorwiegend gelblich braunen Erdtönen
bestimmten Landschaft des Baulandes
und Taubertales ergeben einen reizvol-
len Kontrast, der freilich den meisten
Leuten nicht direkt auffällt, sondern
unbewusst seine Wirkung erzielt.

Aus der überreichen Fülle der Bildstöcke des „Madonnenländchens" –
man könnte allein darüber mehrere
Bildbände verfassen – seien einige wenige Beispiele herausgegriffen:

Die „Vierzehn Nothelfer" spielen für
die Volksfrömmigkeit Frankens eine
große Rolle. In den Bistümern Fulda,

Würzburg und Bamberg lässt sich das anhand zahlreicher Bildzeugnisse belegen; die zwischen 1743 und 1772 erbaute Wallfahrtskirche von Vierzehnheiligen bei Lichtenfels nordöstlich von Bamberg, Balthasar Neumanns letztes und reifstes Werk, legt davon in erster Linie Zeugnis ab. Insgesamt knapp 400 Bildstöcke mit dem Motiv der vierzehn Heiligen gibt es in den drei oben genannten Bistümern; einige Dutzend sind es im Bauland.

Die „Standardbesetzung" der 14 Nothelfer ist Folgende: Georg (gegen Seuchen der Haustiere), Blasius (gegen Halsleiden), Erasmus (gegen Leibschmerzen), Pantaleon (Patron der Ärzte), Veit (gegen Epilepsie), Christophorus (gegen unvorbereiteten Tod), Dionysius (gegen Kopfschmerzen), Cyriakus (gegen Anfechtungen in der Todesstunde), Achatius (gegen Todesangst), Eustachius (in schwierigen Lebenslagen), Ägidius (für eine gute Beichte), Margaretha (Patronin der Gebärenden), Barbara (Patronin der Sterbenden) und Katharina (gegen Leiden der Zunge und schwere Sprache). Alle außer Ägidius waren Märtyrer.

Es gibt auch andere Zusammenstellungen, und manchmal sind auch Ortsheilige einbezogen. Wendelin (Patron der Hirten und Herden), Leonhard (Patron der Pferde), Rochus (gegen Pest und Seuchen) und Notburga (Lebensmittel für Arme) kommen hin und wieder vor, manchmal auch Wolfgang, Martin, Nikolaus. Wie es zur Zahl 14 kam – manchmal sind es merkwürdigerweise auch 15 – und wie zu dieser Auswahl, ist bis heute nicht genau bekannt. Die Zahl 14 dürfte auf die germanische Mythologie zurückgehen oder auf die mittelalterliche Zahlensymbolik. Tatsache hingegen ist, dass die Heiligen von allen Ständen und in allen Notlagen angerufen werden sollten.

In der Ortsmitte von Pülfringen (Gemeinde Königheim, Main-Tauber-Kreis) steht an der Einfahrt zu einem großen Bauernanwesen ein über vier Meter

Madonnen-Bildstock in Königheim-Pülfringen (Main-Tauber-Kreis).

hoher Bildstock mit der Darstellung von 15 Nothelfern (Abb. S. 132). Das nur noch bruchstückhaft entzifferbare Inschriftenfeld am Sockel nennt den Grund für die Aufstellung: „Der ehrsamme Stephan Goll und seine eheliche Hausfraw … gethanen Gelübt wegen Fewers Brunst disen Biltstock setzen lassen den 16. 10bris 1752".

Die Nothelfer sind überaus detailliert und kunstfertig gestaltet und offensichtlich die Arbeit eines Bildhauers; er hat sogar 15 Namensschildchen angebracht. Die Inschrift „In seinen Heiligen lobet Gott; das sie euch retten von der Noth" ist ein Hinweis auf die Zweckbestimmung des Bildstocks und als Aufruf an die Vorbeikommenden gedacht.

Der Bildstock mit dem Motiv „Maria im Strahlenkranz" bei Unterneudorf (Stadt Buchen, Neckar-Odenwald-Kreis) war 1742 anlässlich des Todes von

Oben und rechts: 1998 nach einer alten Abbildung an der Stelle eines verschollenen Bildstocks neu erstandenes Kleindenkmal bei Buchen-Unterneudorf (Neckar-Odenwald-Kreis) an der Straße nach Mudau-Rumpfen: „Got zu Ehren hat der ersame Michael Kaufman mit Anna Maria seinner Haus Frau von Underneitorf hat tisse Figur aufrichtden lassen 1743".

Oben: „Auf Rosen gebettet" ist dieser „Gute Hirte" in Königshofen. (Lauda-Königshofen, Main-Tauber-Kreis)

Rechts: Zusammen mit zwei Sühnekreuzen steht am Ortsrand von Rottenburg-Wendelsheim (Landkreis Tübingen) ein steinerner Bildstock aus dem Jahr 1808. Ein Latzerus Bisinger hat ihn gestiftet. Auf dem Schaft liest man weiter: „Iesu, Maria und Ioseph, ir sind meine Freind, euch musz ich liebin".

Magdalene Hartmann und ihrer Tochter Maria Magdalena bei deren Geburt errichtet worden.

Der Ehemann und Vater Lorenz Kirchgesner (1713 bis 1786) war Bürgermeister und hat den Bildstock an der Straße zum Nachbarort Rumpfen errichten lassen. Aus nicht mehr klärbaren Umständen ist dieser Bildstock vor Jahren verschwunden. Nur noch ein alter Zeitungsausschnitt mit Bild existiert. Auch von einem zweiten Bildstock in unmittelbarer Nähe, ebenfalls einer Mariendarstellung, gibt es nur noch eine Abbildung; auch dieser ist vor Jahren spurlos und offenbar unbemerkt verschollen.

Es zeugt von der Heimatverbundenheit der Bürger des kleinen Örtchens Unterneudorf und dem wieder erwachenden Interesse an Kleindenkmalen, dass beide Bildstöcke von einem Bildhauer neu angefertigt und 1998 an alter Stätte wieder aufgestellt worden sind.

Der Kultur- und Heimatverein Unterneudorf hat im Mai 1998 mit einem feierlichen Gottesdienst und anschließender Flur- und Hagelprozession von sechs im Dorf existierenden Bildstöcken drei weihen lassen.

Die Sitten um die Bildstöcke sind also im „Madonnenländchen" noch

Eine kleine Statue der Maria mit dem Kind zeigt hinter dem Ziergitter der steinerne Bildstock bei Bad Peterstal im Ortenaukreis. Mathias Dorrer und seine Frau Anna Maria haben ihn 1829 errichten lassen.

durchaus lebendig! Wichtig ist aber auch hier, dass es Freunde der Kleindenkmale gibt, die sich der Sache tatkräftig annehmen!

Privatfriedhof

Letzte Ruhestätte am Busen der Natur

Im Tode, heißt es, sind alle Menschen gleich. Einige aber sind wohl „gleicher". Denn betrachtet man ihre Begräbnisstätten, so sind die Unterschiede nicht zu übersehen. Da sind einerseits die Selbstmörder, denen man ein christliches Begräbnis auf dem Kirchhof verweigerte. Oder die unglücklichen, als Hexen verbrannten Frauen, deren sterbliche Überreste nicht der Totengräber, sondern der Kleemeister oder Wasenmeister, also der Abdecker, verscharrte, wie er es mit toten Tieren tat. Und am anderen Ende der gesellschaftlichen Skala die Reichen und Mächtigen, die sich über gültige Normen auf dem Friedhof hinwegsetzten und sich nach Größe, Form und Lage buchstäblich aus der Reihe tanzende Grabmale errichteten.

Das Bestreben, sich von anderen zu unterscheiden und das Unterscheidende zu betonen, lässt sich im Bestattungswesen schon in der Vorgeschichte erkennen. Dem Keltenfürsten von Hochdorf ist ein weithin sichtbarer Grabhügel aufgeschüttet worden. Die Gräber seiner Untertanen sind dagegen unscheinbar und werden nur durch Zufall entdeckt. Dass die herausragende Stellung, die der Verstorbene zu Lebzeiten innehatte, auch nach dem Tode noch sichtbar bleibt, daran haben übrigens auch die Hinterbliebenen ein nicht uneigennütziges Interesse.

Es gab freilich auch Zeiten, wo die Bestattungen gleichförmiger waren: in der Urnenfelderkultur vor rund 3200 Jahren oder in der frühen alamannischen Reihengräberzeit vor 1500 Jahren. Auf neu angelegten Friedhöfen im späten 18. und im 19. Jahrhundert ist der Gedanke, die Verstorbenen nach ihrem Todestag und nicht nach der Familienzugehörigkeit geordnet in fortlaufenden Grabreihen zu beerdigen, wieder aufgegriffen, aber wegen Protesten aus der Bevölkerung auch bald wieder fallen gelassen worden. Beim derzeit modischen Trend zur anonymen Bestattung schlägt das Pendel zurück. Neben praktischen Überlegungen kann dabei auch der Gedanke eine Rolle spielen, sich mit dieser ungewöhnlichen Bestattungsart von der großen Masse der anderen abzuheben.

Das Gebot von Ordnung und Gleichheit im Tode, das Sicheinfügen in Reih und Glied ist immer wieder von Einzelnen durchbrochen worden. Adelige Alamannen haben ihre Sippengräber am Rande des Reihengräberfriedhofs des Dorfes angelegt und mit Umfassungsgräben, Steinkreisen, mit Grabhügeln und Bauwerken abgesondert. Von da ist der Weg zum Separatfriedhof nicht mehr weit. Solche Adelsgrablegen und Familiengrüfte auf Privatgrund oder auch Bestattungen im Kircheninneren statt auf dem Kirchhof hat die katholische Kirche nicht immer verhindern können, auch wenn sie klar gegen kirchenrechtliche Vorschriften verstießen.

Seit im vergangenen Jahrhundert die Friedhöfe und das Bestattungsrecht in der Regel von der Kirche auf weltliche Träger übergegangen sind, hat sich in der Praxis am Grundsatz nicht viel geändert. Aus gesundheitlichen Gründen und aus Gründen der Pietät müssen die Verstorbenen auf einem öffentlichen Bestattungsplatz – wie der Friedhof im Beamtendeutsch heißt – beerdigt werden. Wo käme man hin, wenn sich jeder in seinem Garten hinterm Haus begraben ließe? Ausnahmen freilich sind möglich bei „hohen kirchlichen Würdenträgern" und bei „einer bedeutenden Persönlichkeit, der dadurch eine besondere Ehrung zuteil werden soll", wie es im Bestattungsgesetz heißt.

Als Pauline Fürstin zu Wied, die Tochter des letzten württembergischen Königs Wilhelm II., 1965 starb, wurde die große Pferdefreundin auf der Koppel bei ihrem elterlichen Wohnsitz, dem Schlösschen Marienwahl bei Ludwigsburg, beigesetzt. Ein Kreuz aus Granit nennt Namen und Lebensdaten, außer-

Einst lag die Grabstätte von Pauline zu Wied (1877 bis 1965), der Tochter des letzten württembergischen Königs, inmitten einer Pferdekoppel beim Schlösschen Marienwahl bei Ludwigsburg. Heute wird hier, neben der Bundesstraße, fleißig gebaut. Das schlichte Granitkreuz ist zum Schutz vor Beschädigung eingezäunt.

dem liest der Betrachter diese Inschrift: „Nach glücklichster Ehe mit Friedrich, Fürst zu Wied, ruht hier, in festem Glauben an ihren Erlöser, Pauline, Fürstin zu Wied, Prinzessin zu Württemberg, geb. 19. Dezember 1877, gest. 7. Mai 1965. 2 Timoth. 4, Vers 7.“

Bei Weil der Stadt findet sich im Wald mit dem von Joseph Schöninger, der 1870 starb, ein weiteres Grab. In beiden Fällen ist die letzte Ruhestätte mit einem steinernen Grabmal versehen, das nicht bloß ein Gedenkkreuz ist, wie es andere Kleindenkmale sind. Es gibt nicht viele dieser Ausnahmebestattungen.

Einzigartig ist diese Grabstätte bei Weil der Stadt im Landkreis Böblingen. Sie ist keine bloße Gedenkstätte.

Schöninger, Sohn eines Tuchmachers aus Weil der Stadt und selbst zu erheblichem Reichtum gelangter Bürger dieser Stadt, hatte fünf Morgen Ödland gekauft, wo er naturnah die Freizeit verbringen wollte. Der Eigenbrötler war von Beruf Küfer. Im nach ihm benannten „Benders (Faßbinders) Wäldle“ hat er sich ein Haus gebaut, dessen Grundmauern noch zu sehen sind. Und daneben liegt der „Privatfriedhof“ des Mannes, dem die katholische Kirche wohl ihren Segen gegeben hatte, schließlich hatte er sich als wohltätiger Stifter gezeigt.

In der Mitte der etwa fünf mal fünf Meter messenden ummauerten Grabstätte – das eiserne Torgitter ist gestohlen worden – steht sein kreuzbekröntes Grabmal. Eine Inschrift verkündet stolz: „Hier ruht auf seinem Gut / Joseph Schöninger / geboren 10. März 1801 / gestorben den 14. Aug. 1870“. Und daneben das Bekenntnis: „Viel Mühe macht mir dieses Gut / Nun sanft hier meine Asche ruht.“ Der Kindergrabstein daneben zeigt, dass geplant war, hier weitere Tote zu beerdigen. Doch dafür gab es keine Ausnahmegenehmigung.

Über eine Weil der Städter Bürgerin gelangte eine später errichtete Hütte neben Schöningers Grabstätte und ein Bildstock an die Stuttgarter katholische Kirchengemeinde St. Elisabeth, die beide noch heute unterhält. „Benders Wäldle“ war einst ein beliebtes Ausflugsgebiet.

Neben dem Gedanken des Herausgehobenseins, der Distanzierung des Einzelnen und der Ausdehnung der Privatsphäre über den Tod hinaus, ist auch eine schwärmerische Naturnähe ein Motiv für die Anlage solcher Einzelgräber am Busen der Natur. Rousseaus „Zurück zur Natur" wird hier ganz wörtlich genommen. Auch in der bildenden Kunst spielte um 1800 das romantische Motiv „Grabmal in freier Natur" eine Rolle. Nach der räumlichen und rechtlichen Trennung des Friedhofs vom Kultbezirk setzte auch bei den allgemeinen Bestattungsplätzen ein tief greifender Wandel in der Gestaltung ein. Die Entwicklung ging hin zum Trauergarten, zur parkartigen Anlage oder gar – Gipfel der Naturnähe – zum Waldfriedhof.

Neidköpfe
Wider den bösen Blick und andere Unbill

Wer in Benningen die Ludwigsburger Straße hinabgeht, zur Neckarbrücke, der bleibt bewundernd und vielleicht auch etwas neidisch vor dem alten „Adler" stehen, in dem das Heimatmuseum untergebracht ist. Besonders wird es ihm wohl der breite Torbogen antun mit seinem schmucken Randprofil, den Blatt- und Blütenornamenten. Das Tor bildete einst die Einfahrt in einen Dreiseithof, eine Hofanlage, die auf drei Seiten von Gebäuden eingefasst war, dem Wohnhaus, der Scheuer, dem Gesindehaus. Vorn an der Straße schloss eine Mauer die Anlage ab.

Wer 1630, also mitten im verheerenden Dreißigjährigen Krieg, sich solch ein stattliches Anwesen bauen konnte, der konnte nicht der Ärmsten einer im Dorf gewesen sein. Melchior Hirschmann hieß der Erbauer. Er war Schultes und Wirt, eine damals gar nicht seltene Kombination. Die Verbindung beider Berufe brachte nämlich viele Vorteile – für beide Tätigkeiten. Freilich trug sie auch Neid, Missgunst und Ärger ein.

Im Scheitel des Torbogens ist bei näherer Betrachtung ein steinernes Köpfchen zu sehen, ein so genannter Neidkopf. „Neid" ist dabei nicht in dem Sinne zu verstehen, dass man einem anderen etwas nicht gönnt. Früher bedeutete Neid jegliche feindliche Gesinnung, Groll, Hass. Und so drückt dieser schon etwas verwitterte steinerne „Trutzkopf" Ablehnung, schroffe Abweisung, ja Abschreckung aus.

Tritt man diesem Schreck- oder Neidkopf näher, so erkennt man, dass es sich um einen Löwenkopf handelt. Gerundete Locken auf dem Kopf und einen Mähnenkranz um den Hals, starrt der Neidkopf mit tierisch-stierem Blick den Betrachter an. Es ist das naive Werk eines dörflichen Steinmetzen, kein Kunstwerk, wie man es etwa in der Waiblinger Altstadt finden kann. Dort fletscht der König der Tiere aggressiv die Zähne und bläht Furcht erregend die Lefzen. Der Löwe, der als wildes und starkes Tier galt, schien für eine abschreckende Figur besonders geeignet zu sein. Andere Neidköpfe haben menschliche Züge, auch wenn sie zu Fratzen verzerrt sind. So gibt es den bärtigen „Wilden Mann", der grimassierend und mit stechenden Augen den Betrachter erschreckt. Einige strecken die Zunge heraus, „Bäh!", wie Kinder, die sich von jemandem aggressiv distanzieren. Manchmal sind es auch ins Groteske übersteigerte dämonische Tiermenschenköpfe mit drohend aufgerichteten Haaren.

Wie aber passt das zusammen: Ein Wirt, der seine Gäste vergrault, noch ehe sie die Gaststube überhaupt betreten haben? Nun, die Neidköpfe waren weniger gegen die Menschen gerichtet – mit denen wurde der Schultes und Wirt im Allgemeinen schon selbst fertig – als gegen die unsichtbaren Mächte des Bösen.

Der Neidkopf war ein Abwehrzauber, sollte böse Geister bannen, vom Hof und seinen Bewohnern fern halten. Man findet ihn auch an Burgtoren und Stalltüren. An einer Gebäudeecke angebracht war er gleich nach zwei Seiten hin wirksam. Durch Bemalung, die

heute meist vergangen ist, konnte die optische Abschreckwirkung noch verstärkt werden.

Der Neidkopf diente als Schutz gegen Unbill aller Art, gegen Krankheit, Zwietracht, Neid, Verwünschungen und den bösen Blick. Den konnten zauberkundige Menschen aus dem fahrenden Volk, Hebammen und Hexen gegen die Bewohner des Anwesens richten und ihnen damit sogar den Tod bringen.

Das mag uns aufgeklärten Menschen heute unverständlich erscheinen. Aber in einer Zeit, in der die einfachen Leute mit ihrem bescheidenen Wissen sich vieles nicht vernünftig erklären konnten, etwa wie es zu Krankheit und Tod kam, zu Missernte und Hochwasser, Glück und Unglück, sahen sie überall übersinnliche Kräfte am Werk. Für das

Vom Scheitel des Torbogens des „Adler" in Benningen (Landkreis Ludwigsburg) herab schreckt das Neidköpfchen die bösen Geister ab.

Aggressiv droht der steinerne Löwe am
Haus Kurze Straße 27 in Waiblingen
(Rems-Murr-Kreis), dem Fruchtkasten der
geistlichen Verwaltung 1654 bis 1715.

Der Heidenstein
bei Niederschwörstadt

Auf einer Niederterrasse des Hoch-
rheins, in Niederschwörstadt (Schwör-
stadt, Kreis Lörrach) am Südfuß des
Dinkelbergs, steht dieser letzte Rest
von einem Hünengrab, der „Heidenstein". Zu Beginn des 19. Jahrhunderts
war das Grab noch vollständig. Die tra-
pezförmige Muschelkalkplatte, dreiein-
halb Meter breit und mit einem „Seelenloch" versehen, hat einst den

Der Heidenstein steht in einer kleinen
Anlage. Eine Informationstafel bietet dem
Besucher die nötigen Erklärungen.

Gute, für Wunder, suchte man die Ursache im Glauben, für das Schlechte im
Aberglauben. Dämonen, der Teufel und
von ihm besessene Menschen waren
daran schuld. Es ist ein heidnisches
Element, das unausrottbar das Christentum begleitet. Selbst an frühen Kir-
chenbauten findet man Neidköpfe.
   In späterer, aufgeklärter Zeit haben
die Neidköpfe ihre Funktion verloren.
Man bringt sie allerdings immer noch
an, auf Kragsteinen und Konsolen,
über Torbögen und an Hausecken. Im
18. und 19. Jahrhundert verwandeln
sie sich jedoch in das, was sie zuvor
nicht gewesen waren, in Schmuckele-
mente. Sie schauen dann auch nicht
mehr gar so bös drein.

Eingang zu einem Kammergrab im Gewann Rebhalde verschlossen. Die Steinplatten auf den Seiten und hinten sowie
der steinerne „Deckel" sind nicht mehr
erhalten. Mit den großen Steinplatten
oder -blöcken hatten Menschen in der
ausgehenden Jungsteinzeit vor rund

4500 Jahren die Grabkammer gebaut, mit einer tonnenschweren Deckplatte verschlossen und anschließend hügelartig mit Erde überdeckt. Das neolithische Megalithgrab (= Großsteingrab) ist bis zu seiner Zerstörung durch den Wegebau 1823 als Rebhäuschen genutzt worden. Auf dem gepflasterten Kammerboden sind bei Ausgrabungen 1922 und 1926 Skelettreste von mindestens 19 Toten sowie Feuersteinklingen, Tierknochen, eine durchbohrte Perle aus Gagat und Tierzähne, die als Anhänger dienten, geborgen worden. Das Megalithgrab war ein Familien- oder Sippengrab, in dem immer wieder Verstorbene bestattet wurden. Das Seelenloch war mit einem Stein zu verstopfen.

Einen weiten Blick übers Land genießt man beim Hinkelstein bei Degernau.

Ein Hinkelstein am Hochrhein

In Degernau (Gemeinde Wutöschingen im Landkreis Waldshut) steht ein Kleindenkmal aus der Vorgeschichte. Es ist ein Menhir, auch Hinkelstein genannt, der 1954 in Flur Bühlhölzle auf einer Ausläuferhöhe des Randen im Acker liegend entdeckt worden war. Von privater Seite ist der mehr als drei Tonnen schwere Stein 1971 wieder aufgerichtet worden. Die 2,25 Meter hohe und 80 Zentimeter dicke Stele aus schwarzem, plattigem Lias-alpha-Kalkstein gehört zu einer rätselhaften, hierzulande seltenen Denkmalgruppe. Sie lässt sich auch zeitlich und kulturell nur schwer eingrenzen: in die Endphase der Jungsteinzeit und an den

Beginn der Metallzeiten, also ins 4. bis 3. Jahrtausend vor Christus. Das Wort Menhir stammt aus dem Keltisch-Bretonischen. Die Bretagne ist eine Landschaft, in der die Hinkelsteine zahlreich sind. Das Wort bedeutet „langer Stein". Ob es sich um eine Grabstele handelt, für einen mächtigen Mann – Menhire sind mitunter von (schematisch) menschlicher Gestalt – oder um eine Kult- oder Opfersäule, ist noch nicht geklärt. Für die Deutung als Teil einer vorgeschichtlichen Kultstätte spricht, dass nur wenige hundert Meter entfernt ein Megalithgrab liegt, das möglicherweise aus der gleichen Zeit stammt.

Das Megalithgrab von Degernau

In der Nähe der Schweizer Grenze, bei Degernau (Wutöschingen, Kreis Waldshut), liegt dieses Megalithgrab. Es ist das am weitesten nördlich und östlich gelegene aus einer Kulturgruppe, die in Ostfrankreich und im nördlichen Jura beheimatet ist. Die Bestattungsform in einem Kammergrab, das aus großen Steinplatten gebildet wird und in dem immer wieder Tote beerdigt wurden, geht auf kulturelle Einflüsse aus dem Westen zurück. Das hügelüberdeckte Großsteingrab aus der ausgehenden Jungsteinzeit hat vorn ein „Seelenloch". Der mindestens 5000 Jahre alte Degernauer Grabhügel vermittelt einen Eindruck davon, wie das Megalithgrab von Niederschwörstadt (Landkreis Lörrach) einmal ausgesehen hat, von dem nur noch die vordere Steinplatte erhalten ist.

DEM
GELIEBTEN KOENIG
WILHELM
DEN 30. OKTOBER 1841
DIE
DANKBAREN U. TREUEN
BISSINGER

KLEINDENKMALE IM ZUSAMMENHANG MIT
GESCHICHTLICHEN EREIGNISSEN UND PERSONEN

Denkwürdiges in Stein und Erz

Der Urmensch aus dem Laucherttal

In die erste Stufe der jüngeren Altsteinzeit, des Jungpaläolithikums, weisen
Funde, die in der Göpfelsteinhöhle
1936 von dem Stuttgarter Oberpostrat
Eduard Peters ausgegraben worden
sind. In der Höhle in einem Weißjura-
felsen über dem Laucherttal bei Veringenstadt (Landkreis Sigmaringen) hatten im Aurignacien, also vor 40 000 bis
32 500 Jahren, zeitweise Jäger gelebt,
die dort Spuren ihres Jagdaufenthaltes
hinterlassen haben: Steingeräte, Knochen und eine Brandschicht. Es waren
bereits Menschen von unserem Schlag,
denn in jener Zeit taucht erstmals der
Homo sapiens auf. Er beherrschte bereits neue Techniken der Herstellung
von Steinklingen und von aus zweierlei
Materialien zusammengesetzten Geräten und Waffen, für die neben Feuer-

stein und Holz auch Knochen und Ge-
weihe sowie Elfenbein verwendet wurden. Der Urmensch hatte auch Freude
an Schmuck. Von ihm stammen die
ersten figürlichen Kunstwerke der
Menschheit.

Bis vor wenigen Jahren war man
noch der Ansicht gewesen, in der Göpfelsteinhöhle habe der Neandertaler
gehaust. Deshalb ist 1965 in Veringenstadt an der alten Bundesstraße nach
Sigmaringen und zum Bodensee, unmittelbar neben der Lauchertbrücke ein
Neandertaler-Denkmal aufgestellt worden. Die Steinplastik hat der Bildhauer
Raach-Döttinger nach einem Entwurf
von Adolf Rieth, dem Leiter des Staatlichen Amtes für Denkmalpflege in
Tübingen, gestaltet. Der Denkstein trägt
die Inschrift: „So wie dieser aus einem
mächtigen Muschelkalkblock gehauene
Urmensch in sich ruhend Ausschau
hält, so saßen vor etwa 50 000 Jahren
Menschen vom Schlage des Neander-
talers vor den Höhlen um Veringenstadt. Daran soll diese Steinplastik erinnern, die hier als Zeichen für die lange
Ahnenreihe der Menschheit steht."

„Der Aff", wie die Skulptur im Ort
genannt wird, hatte in der Gemeinde
zunächst heftigen Unmut ausgelöst. Inzwischen ist der Urmensch vom Laucherttal aber voll integriert: Die Nar-
renzunft hat ihn als Maske gewählt.

Links: An den Urmenschen aus dem Laucherttal erinnert diese Steinplastik.

Abb. S. 145: Auf dem Hörnle in halber
Höhe der Teck (Landkreis Esslingen) steht
dieser Denkstein. Er war lange verschollen
und wurde erst 1996 wieder gefunden
und neu aufgestellt.

Wüstung Vöhingen

Ein ganzes Dorf liegt im Acker begraben

Nicht nur Lebewesen, auch Gemeinwesen können sterben. Für gewöhnlich denkt man nur an blühende und wachsende Siedlungen. Wie aus einem Hof ein Weiler wird, aus dem Weiler ein Dorf und schließlich vielleicht eine Stadt. Dass die Entwicklung aber auch umgekehrt verlaufen kann, dass ganze Dörfer untergehen können, ist gemeinhin unbekannt. Sicher, heute kommt es nur selten vor, dass ein Dorf in den Fluten eines Stausees versinkt, dass eine „Manntränke", wie es an der Nordsee anschaulich hieß, eine gewaltige Sturmflut, die Deiche brechen lässt und das Meer besiedeltes Land dauerhaft zurückerobert. Dem Braunkohlentagebau oder der Gewinnung von Bodenschätzen fallen nur noch vereinzelte Dörfer zum Opfer, kaum mehr eines der Anlage von Truppenübungsplätzen, wie etwa Gruorn auf der Schwäbischen Alb, das 1895 bei der Anlage des Münsinger Truppenübungsplatzes aufgelassen wurde. Die Dezimierung der Bevölkerung durch Krieg, Seuchen und Hungersnöte, die dann zum Aussterben ganzer Siedlungen führt, ist in Europa nicht mehr zu befürchten.

All diese Ursachen für den Siedlungsschwund sind in früheren Zeiten geläufig gewesen. Neben dem spontanen Siedlungsabbruch gab es das Dahinkümmern, das allmähliche Schrumpfen, den unaufhörlichen Niedergang: Immer mehr Menschen verlassen Haus und Hof, die unbewohnten Gebäude zerfallen. Die Siedlung wird schließlich „wüst", wie der Fachmann sagt. Solche „Wüstungen" gibt es im Lande mehr als man glauben mag. Ihre Zahl wird auf 500 bis 1000 geschätzt. Häufig erinnern nur noch Flurnamen an die abgegangenen Orte. Manchmal bewahren merkwürdige Besitz- und Markungsverhältnisse die Erinnerung. Bisweilen knüpfen sich Sagen an solche geheimnisvollen, untergegangenen Orte. Oft aber sind weder der Name noch die genaue Lage der Wüstung mehr bekannt. Die Wüstungsforschung, die sich mit solchen Fragen beschäftigt, steht noch ziemlich am Anfang.

Das gilt auch bezüglich des Ortes Vöhingen, eines untergegangenen Bauerndorfs auf dem fruchtbaren Langen Feld zwischen Schwieberdingen und Möglingen im Kreis Ludwigsburg. Der „Vöhinger Weg" nach Schwieberdingen, das „Vöhinger Pfädle" nach Kornwestheim, der „Vöhinger Graben", einst ein Hohlweg nach Markgröningen, und schließlich das „Vöhinger Kirchle" findet man noch auf alten Karten. Von dem Kirchle, von den stolzen Bauernhäusern, von den Wegen und zum Teil sogar gepflasterten Straßen ist heute keine Spur mehr zu sehen. Das liegt alles im Acker begraben. Erst die Archäologen haben auf den Feldern Zeugen der untergegangenen Siedlung entdeckt und freigelegt. Wie es damals war und warum das blühende Dorf verlassen und aufgegeben wurde, bleibt bisher ein Rätsel.

Der Ortsname Vöhingen deutet auf eine Besiedelung durch die Alamannen im 5. Jahrhundert hin. Ein gewisser Faho oder Feho hat sich hier mit den Seinen niedergelassen und die fruchtbaren Lössböden bebaut. Die erste urkundliche Nennung im Jahr 779 („Fe-

Zur Erinnerung an das geheimnisumwitterte, wüst gefallene Bauerndorf Vöhingen hat die Gemeinde Schwieberdingen (Landkreis Ludwigsburg) 1978 bei der von Pappeln umstandenen Quellmulde einen Gedenkstein setzen lassen.

hingen") bezieht sich vermutlich auf Vaihingen/Enz. Bodenfunde belegen aber sicher eine Siedlung zur Merowingerzeit im 6./7. Jahrhundert. Bereits im 8. Jahrhundert dürfte eine erste Kirche im Ort gestanden haben. Den Höhepunkt seiner Entwicklung erlebte das Dorf im 12. Jahrhundert. Seine Pfarrkirche, die es in seelsorglicher Hinsicht unabhängig machte, unterstreicht, ebenso wie Bodenfunde, seine Bedeutung. Dann aber begann um 1300 der Verfall. Immer mehr Anwesen wurden aufgegeben. Die letzten Bewohner verließen um die Mitte des 14. Jahrhunderts den Ort. Hat eine Klimaveränderung dies bewirkt, ein Bevölkerungsrückgang den Absatz landwirtschaftlicher Produkte schrumpfen lassen? Hat die Pest 1347 das Ende gebracht?

Oder waren es politische Gründe? Die grundherrliche Anordnung, in eine größere Siedlung umzuziehen, etwa nach Markgröningen, um dieser Stadt bessere Existenzbedingungen zu schaffen? Der Prozess der Bevölkerungskonzentration in den Städten ist damals vielerorts festzustellen. Lange Zeit tradierte Rechts- und Besitzverhältnisse sprechen für diese Deutung. Heute geht der Trend, auf freiwilliger Basis allerdings, in die Gegenrichtung: aus den Städten hinaus aufs „flache Land" drum herum.

Die Vöhinger Kirche hat das Dorf lange überlebt. Noch 1488 hat sie der Graf von Nippenburg ausbessern lassen. Und bis zur Reformation wurde allwöchentlich eine Messe in der einsamen Kirche auf dem Feld gelesen.

Der Ulrichstein
Weichenstellung für Württemberg

Am nördlichen Rand von Grafenau-Döffingen im Landkreis Böblingen steht seit mehr als hundert Jahren ein Gedenkstein, der an den hier am 23. August 1388 gefallenen Grafen Ulrich von Württemberg erinnert. Der mit Inschrift und Wappen versehene und von einem eisernen Ziergitter umgebene Ulrichstein ist 1,5 Meter hoch. Geschaffen hat ihn der Münklinger Bildhauer Johann Christian Stauch (1842 – 1905) im Auftrag der Gemeinde Döffingen aus rotem Hausener Sandstein. Der Sockelstein stammt aus Schafhausen. Stauch wählte dafür die für historisch-heroische Denkmale damals beliebte

Form eines Obelisken: Zurückhaltend, eindrucksvoll und kostengünstig.

Das Kleindenkmal erinnert an den Schlachtentod Ulrichs, der übrigens nicht hier, sondern in der Stuttgarter Stiftskirche bestattet ist. Aber eigentlich geht es um die Schlacht von Döffingen selbst, die eine Weichenstellung in der Geschichte Württembergs bedeutet. Sie brachte den Sieg der Grafschaft Wirtemberg über den aufstrebenden Bund der freien Reichsstädte. Wohl um nicht alte Wunden beim benachbarten Weil der Stadt aufzureißen, also aus politisch-psychologischen Gründen, ist dieser Aspekt bei dem Denkmal in den Hintergrund getreten, als 1888 der Ulrichstein am Jahrestag der Schlacht im Beisein des Kronprinzen und späteren letzten württembergischen Königs, Wilhelm II., feierlich enthüllt wurde.

Es gibt wohl mehrere Motive für die Denkmalsetzung zum 500-Jahr-Jubiläum. Die Menschen waren im vergangenen Jahrhundert geschichtsbewusster und unbefangener als wir heute. Man bewunderte militärische Leistungen und verehrte das angestammte Herrscherhaus. Für beides bietet die Schlacht von Döffingen Anlass. Sie gab auch Gelegenheit, gegen die „Verpreußung" des Landes und gegen die ungeliebte preußische Vorherrschaft in Deutschland, besonders auch auf militärischem Gebiet, ein eigenes national-württembergisches Signal zu setzen.

Zahlreich sind die Denkmäler aus jener Zeit. Seit Beginn des 19. Jahrhunderts, seit der Sturm-und-Drang-Zeit und der Frühromantik, blickten die gebildeten Schichten in Deutschland und auch die Künstler verklärt auf das Mittelalter zurück. Es sind Sehnsucht und Faszination, die sich im Ulrichstein manifestieren. Schiller und Uhland besangen „Die Döffinger

Der Ulrichstein bei Grafenau-Döffingen (Landkreis Böblingen) erinnert an eine blutige Schlacht vor gut 600 Jahren. „Zum Andenken an den hier gefallenen Grafen Ulrich von Württemberg, gestorben 1388" steht darauf, doch kennt niemand die genaue Stelle, wo den Grafen der Tod ereilte.

Schlacht". Die Ballade entstand schon 1815.

Wie kam es nun zu dieser Schlacht, die als die größte und blutigste des 14. Jahrhunderts in Süddeutschland gilt? Hintergrund sind das Erstarken und die Expansionsbestrebungen zweier „Mächte", was zur Konfrontation führen musste: der freien Reichsstädte und der Territorialherren, unter denen die Grafen von Württemberg zu den erfolgreichsten zählten, wenn es darum ging, ihr Herrschaftsgebiet zu vergrößern und ein geschlossenes, einheitliches Territorium für die Landesherrschaft zu schaffen.

Wie ein Pfahl im Fleisch steckte da immer wieder eine freie Reichsstadt mittendrin. Und deren eigenes Territorium konnte, wie im Falle Ulms, die Größe einer kleinen Grafschaft erreichen. Die wirtschaftsstarken, selbstbewussten Reichsstädte, die keinem Landesherrn, nur dem Kaiser untertan waren, fürchteten um ihre „Freiheiten", wenn der Kaiser, der notorisch in Geldnöten war, sie an einen Landesherrn verpfändete und sie dann nicht mehr auslösen konnte. Auch wenn ein Fürst als kaiserlicher Stellvertreter und Vogt ihnen vor die Nase gesetzt wurde, wenn er sie kontrollierte und Steuern eintrieb, versprach dieses Ungemach.

Graf Eberhard der Greiner (das heißt der Zänker) von Württemberg hatte sich als Landvogt in Niederschwaben bei den Städten höchst unbeliebt gemacht. Zur wirkungsvolleren Verteidigung ihrer Rechte schlossen sich 1376 zwölf meist schwäbische Reichsstädte zum Schwäbischen Städtebund zusammen. Ein Jahr später kam es zur ersten Machtprobe: Die Reutlinger fielen ver-

wüstend in württembergisches Gebiet ein und bereiteten dem Grafen Ulrich, Eberhards Sohn, und seinem zahlenmäßig unterlegenen Gefolge eine schmerzliche, vermeidbare Niederlage.

Als zehn Jahre später der Konflikt zwischen Fürsten und Städten im Bayerischen wieder aufbrach, beschloss der Städtebund, von Augsburg und Ulm aus einen Verwüstungsfeldzug gegen den Städtefeind Graf Eberhard zu unternehmen. Mit 3000 oder 4000 Mann, einigen Rittern und vielen Söldnern und Knechten, denen sich jeweils bewaffnete Bürger der nahe gelegenen Reichsstadt anschlossen, zogen sie Anfang August 1388 unter Führung des Ulmer Städtehauptmanns Konrad Besserer nach Esslingen und über die Filder nach Weil der Stadt. Das Ziel des gut gerüsteten Städteheeres: Den Württemberger nachhaltig zu schädigen, indem man in seinem Gebiet die reifen Kornfelder anzündete, Erntevorräte vernichtete, Vieh fortführte, die Bauern ausplünderte und Häuser in Brand steckte. Von Westen her wollte man dann die Residenzstadt angreifen.

Im württembergischen Döffingen verschanzten sich die Bauern der Umgebung mit ihrem Hab und Gut im mauerumwehrten Friedhof und warteten auf Hilfe aus Stuttgart. Zunächst aber kamen die Bewaffneten aus Weil der Stadt und belagerten den Friedhof. Dies war ein Verstoß gegen das „Kriegsrecht", denn der Friedhof galt im Mittelalter als Freistatt, als Stätte des höheren Friedens für die Schutz- und Asylsuchenden. Dort durften keine Kämpfe stattfinden.

Graf Eberhard der Greiner hatte bei Leonberg aus Rittern und vielen Bauern ein Heer zusammengestellt, mit dem er am Sonntag Bartholomä, dem 23. August, nach Döffingen eilte. Die Vorhut führte sein Sohn Ulrich, dem der Vater die schmachvolle Niederlage von Reutlingen nie verziehen hatte. So wollte Graf Ulrich nun die Scharte auswetzen und stürzte sich mit seinen 50 Rittern und Edelknechten auf die Städter. Ulrich fiel im ersten Treffen, sein Trupp wurde aufgerieben.

Über militärische Einzelheiten der Döffinger Schlacht ist nichts Genaues, jedenfalls nichts Verlässliches bekannt. Nur so viel, dass das Hauptheer der Württemberger mit dem greisen Grafen an der Spitze den verlustreichen Kampf mit den Städtern aufnahm und dass der Herrenberger Vogt Werner von Rosenfeld mit einem kleinen Aufgebot von Süden her zu Hilfe eilte und den Städtern in den Rücken fiel. Die Reihen der städtischen Kämpfer wankten.

Als Erste sollen die Streiter aus den rheinischen und fränkischen Städten gewichen sein. Bald zogen sich alle in wilder Flucht hinter die Mauern von Weil der Stadt zurück.

Die Verluste des Städtebundes werden auf 1000 Mann geschätzt, darunter auch der Städtehauptmann Konrad Besserer. Bis zum Anschluss an Württemberg ist in Weil der Stadt alljährlich an Bartholomä der 66 gefallenen Bürger gedacht worden, deren Namen bekannt sind. Das sind jedoch nur die Toten aus der städtischen Oberschicht, in Wirklichkeit war der Blutzoll der Reichsstädter viel höher.

Auf württembergischer Seite, so wird berichtet, sind 40 Wagen voller Leichen – gefallene Bauern und Knechte – fortgeführt worden. Zählt man die

vielen gräflichen und ritterlichen Lehensleute und Genossen des Greiners dazu, waren die württembergischen Verluste wohl nicht geringer.

Mit der Niederlage von Döffingen war die Macht des Schwäbischen Städtebunds gebrochen. Er wurde aufgelöst. Die Landesfürsten waren Sieger über die Städte geblieben. Eine Entwicklung ähnlich wie in der Schweiz war abgewendet. Der Weg zum Herzogtum und später zum Königreich Württemberg war frei.

Primus Truber
Sloweniens Luther

Nicht erst seit dem Bürgerkrieg in Bosnien und im Kosovo flüchten Südslawen nach Süddeutschland. Schon vor rund 440 Jahren fanden Vertriebene bei uns Aufnahme. Ein Beispiel ist Primoz Trubar, Domherr im slowenischen Laibach. Er hatte sich von den Gedanken der Reformation anstecken lassen und ein offenes Bekenntnis zum neuen Glauben abgelegt. Von seinen geistlichen Brüdern war er deshalb 1547 des Landes verwiesen worden. Nach einigen Zwischenstationen landete Primus Truber, wie er sich in Deutschland nannte, schließlich in Urach. Der slowenische Prediger, Reformator und Schriftsteller (geboren 1508 in Rašćica südlich von Laibach) erhielt dort 1561 die Stelle des Stadtpfarrers an der Amanduskirche.

Untergebracht im benachbarten Kloster, wo einst die „Brüder vom gemeinsamen Leben" wirkten, genoss Pfarrer Truber hohe Protektion: Die evangelischen Landstände und der württembergische Herzog Christoph förderten aus konfessionell-politischen Gründen den Glaubensflüchtling. Von Urach aus missionierte er die slawischen Wenden in der Windischen Mark, in Slowenien, Kroatien und Krain (und auch in Innerösterreich) mit reformatorischen Schriften, die als Konterbande in Fässern mit doppeltem Boden versteckt in und durch Länder des Habsburgerreichs geschmuggelt wurden. Die habsburgischen Lande waren auch nach der Reformation römisch-katholisch geblieben. Doch gab es allenthalben Gemeinden, die zum neuen Glauben übergetreten waren.

Trubers Ziel war es nun, die kleinen protestantischen Gemeinden zu unterstützen und zugleich das Vordringen

Die Bronzebüste des slowenischen Reformators und Sprachschöpfers Primus Truber im ehemaligen Seminarhof von Bad Urach (Landkreis Reutlingen) hat Karl Grabert geschaffen.

der moslemischen Türken zu bremsen. In der Vorrede zum zweiten Teil des slowenischen Neuen Testaments schreibt Truber (übertragen in die Gegenwartssprache): „Christus, der Herr" werde „mit seinem Geist und Wort durch diese unsere Arbeit sein Reich gegen Orient wiederum erweitern und befestigen, des Mohammeds und Antichrists (Macht) schwächen und mindern."

Im Refektorium des Uracher Mönchshofs – dem evangelischen Seminar und heutigen Einkehrhaus der evangelischen Landeskirche – war für das Missionswerk eigens eine Druckerei eingerichtet worden, wo Truber seine Bibeln und Gesangbücher, Traktätchen und Postillen, Fibeln und Katechismen drucken ließ. Natürlich in der Sprache des Ziellandes.

Die „südslawische Bibelanstalt" florierte. Trubers Schriften sind, sieht man von der Übersetzung einer Beichtformel in den Freisinger Denkmälern des 10. Jahrhunderts ab, die ältesten Schriftzeugnisse in Slowenien. Das liegt sicher daran, dass es dort bis dahin keine gemeinsame, literaturfähige (Hoch-)Sprache gegeben hatte, sondern nur Dialekte. Trubers Rolle war nicht nur die eines Reformators der Südslawen (der Einfluss des Protestantismus ging später zurück; heute gibt es nur noch eine kleine Diaspora). Größere Bedeutung gewann er damit, dass er aus sieben Dialekten eine gemeinsame slowenische Schriftsprache schuf und die Bibel und anderes religiöses Schrifttum in diese Sprache übersetzte. In diesen drei Funktionen nahm er ähnliche Aufgaben wahr wie Martin Luther für die Deutschen. Man hat ihn deshalb auch den „slowenischen Luther" genannt.

Bad Urach im Kreis Reutlingen ist der Druckort der Bücher in slowenischer Sprache, die übrigens mit lateinischen Buchstaben geschrieben wird. Später wurde hier auch die gesamte protestantische kroatische Literatur des 16. Jahrhunderts in kyrillischer Schrift gedruckt. In den vier Jahrhunderten des Bestehens der Druckerei (1561–1964) entstanden in Urach 37 christliche Druckerzeugnisse mit einer Auflage von rund 31 000 Exemplaren – für die damalige Zeit eine umfangreiche Produktion.

1564 kehrte Truber auf den Balkan zurück und förderte als Superintendent von Laibach die Reformation. Im Auftrag der krainischen Stände führte er eine evangelische Kirchenordnung und den Württembergischen Katechismus des Johannes Brenz ein. Es war aber nur ein kurzes Zwischenspiel. Die Gegenreformation vertrieb den „slowenischen Luther" 1565; in seiner Wahlheimat Württemberg wurde er wieder aufgenommen. Zwanzig Jahre lang, bis zu seinem Tode 1586, war Truber dann Pfarrer an der Galluskirche in Derendingen bei Tübingen. Dort liegt er auch begraben. In Derendingen hat die sozialistische Regierung Sloweniens 1973 eine Gedenktafel errichten lassen. Sie würdigt Trubars Beitrag zur Volkwerdung der Slowenen durch die Schaffung einer gemeinsamen Sprache. 1985 wurde im Seminarhof in Urach, an seiner Wirkungsstätte, eine Bronzebüste Trubers aufgestellt.

Lorbeer für ein Rassepferd in Trossingen

Er war einst Deutschlands berühmtester Galopper, der braune Vollbluthengst Oleander. 1924 im Gestüt Schlenderhan gezogen, hat er bei 23 Starts 19 Siege errungen und dabei weit über eine halbe Million Reichsmark (damals eine gewaltige Summe) an Prämien gewonnen. 1947 brach sich Oleander, der nach dem Rosenlorbeer benannt ist, ein Bein und musste getötet werden.

Wie aber kommt das Oleander-Denkmal nach Trossingen (Landkreis Tuttlingen), wo das Rassepferd nie gelaufen ist?

Dank eines kunstsinnigen Mäzens, des Zigarettenpapierfabrikanten und Multimillionärs Fritz Kien („Efka"). Kien unterstützte den Bildhauer Fritz Behn, der sich durch Tierplastiken einen Namen machte. Er hat die lebensgroße Bronzeplastik des Oleander geschaffen. Als die Stadt Trossingen nach dem Abbruch des Musikpavillons den Fritz-Kien-Platz neu gestalten wollte, ließ es sich Berta Kien, die Frau des Fabrikanten, 1968 nicht nehmen, dafür einen Brunnen mit Denkmal zu stiften. Denn vis-à-vis liegt, auch heute noch, das Gasthaus „Rose", das den Eltern von Berta Kien gehörte. Dass gerade das berühmte und überaus erfolgreiche Rassepferd als Motiv gewählt wurde, hängt wohl damit zusammen, dass die Kiens Freunde des Reitsports waren und im Geburtsjahr Oleanders ihre Fabrik gründeten.

Pestkreuze
Wider den Schwarzen Tod

Zwischen 1347, als sie erstmals in Europa auftrat, und etwa 1720 wütete die Pest immer wieder wellenartig durchs Land. Die Seuche breitete sich regelmäßig entlang der Handels- und Verkehrswege aus, von Ort zu Ort. Bei ihrem ersten Auftreten raffte sie, so die Schätzungen, zehn bis vierzig Prozent der Bevölkerung Europas dahin. Zum Vergleich: Im Zweiten Weltkrieg kamen fünf Prozent ums Leben.

Ein kunstsinniger Mäzen hat der Harmonika-Stadt Trossingen ein Pferdedenkmal beschert.

Am Ortsausgang von Emmingen ab Eck in Richtung Hattingen steht diese Kreuzgruppe mit dem doppelarmigen Lothringerkreuz, dem eigentlichen Pestkreuz, und dem Bildstock.

Mangelhafte hygienische Bedingungen bildeten den Nährboden für die Pest. Seltener war es die Lungenpest, die durch Tröpfcheninfektion von Mensch zu Mensch übertragen wird, meistens die Beulenpest. Diese wird durch Rattenflohbisse oder Kontakte mit infizierten Tieren und Menschen ausgelöst. Dabei verfärbt sich schließlich die Haut dunkel, weshalb die Pest auch Schwarzer Tod genannt wurde.

Da man die Ursachen der Seuche nicht kannte und auch nicht wusste, wie man Befallene heilen sollte – in den meisten Fällen endete die Krank-

heit tödlich – galt der Schwarze Tod als auswegloses Verhängnis, als Ausdruck des göttlichen Zorns. Die Menschen flüchteten in den Glauben oder in die Scharlatanerie.

Im Dreißigjährigen Krieg breitete sich die Seuche mit den umherziehenden Soldaten aus. 1628 wütete sie in Augsburg und Konstanz. Städter flohen vor der Pestilenz aufs Land. Das Er-

Zum Dank dafür, dass ihre Gegend im Dreißigjährigen Krieg von der Pest verschont geblieben war, haben drei Höfe bei Triberg (Schwarzwald-Baar-Kreis), der Fuchsfaller-, der Hirzwald- und der Seppjockelshof, diese Pestkreuze gestiftet. Sie sind an Pfingsten 1984 erneuert worden. Sie stehen an der Kreuzung der Landesstraße St. Georgen – Vöhrenbach mit der Kreisstraße Schönwald – Unterkirnach.

An der Straße nach Engen stehen in Emmingen ab Eck (Gemeinde Emmingen-Liptingen, Landkreis Tuttlingen) diese Pestkreuze in Verbindung mit einem Bildstock. Im Hintergrund der Hohenhewen (rechts) und der Mägdeberg.

krankungsrisiko war dort freilich nicht unbedingt geringer. Die Bauern in Emmingen ab Egg errichteten um 1630, wie es auf einer Informationstafel heißt, an allen (alten) Ortseingängen Pestkreuze. Die bekannteste Gruppe steht an der Straße nach Engen. Aber auch in Richtung Liptingen, Hattingen und Tuttlingen sind die Pestkreuze noch erhalten.

Unklar ist, ob die Emminger damit Reisende davon abhalten wollten, das Dorf zu betreten, oder ob es eine Art Abwehrzauber gegen die Pest sein sollte. Sicher haben sie die Pestkreuze als inbrünstiges Flehen an Gott gedacht, den Ort von der Pest zu verschonen oder, wenn es schon Kranke gab, sie zu heilen und die Seuche einzudämmen.

Für diese Deutung spricht die Verbindung des doppelarmigen so genannten Lothringerkreuzes, des eigentlichen Pestkreuzes, mit den drei anderen, die den Kalvarienberg darstellen. In Bittprozessionen zogen die Einwohner zu den drei Kreuzen von Golgatha. Der Bildstock mag die Wirkung noch verstärkt haben. Denkbar ist aber auch die uneigennützige Variante. Die weithin sichtbaren Kreuze und der Bildstock können auch als Warntafel gedeutet werden: „Wanderer flieh! Hier haust die Pest."

In Württemberg, so ordnete ein General-Rescript vom 1. November 1680 an, hat man in Pestzeiten die Dörfer mit Zäunen umgeben und die Straßen mit Gattern gesperrt, die Tag und Nacht bewacht werden sollten. Auf diese Weise wollte man den Zuzug von Reisenden stoppen oder wenigstens kontrollieren. Von der Pest Befallene wurden natürlich nicht ins Dorf eingelassen.

Gedenken an Unglücksfälle
Aus einem Freudenfest wird ein Trauerfall

Manchmal erzählen Denksteine ihre Geschichte selbst. So auch der auffallend geformte Stein am Wasserbehälter oberhalb Waldbrunn-Schollbrunn (Neckar-Odenwald-Kreis), in den rundum am Kopfteil und am Schaft folgende Inschrift eingraviert ist:

„Dieses Brunnens Gründer ist Johann Peter Weber, Bürgermeister von hier. Am 30. Mai wird die Quelle ins Dorf geleitet. Ihr Erfinder wollte einen Freudenschuss thun, traf aber seine linke Hand und starb nach vielen und großen Schmerzen zur Trauer seiner Bürger. So wie das Wasser floss zu unserem Heil, ward ihm ein trübes, herbes Loos zu Theil. Zwar können diese Wohlthat wir nicht lohnen, doch soll noch lang im Geist er bei uns wohnen. Und was er stets gethan für seine

Ein Geschichtsbuch ist dieser Gedenkstein bei Waldbrunn-Schollbrunn, und das haben seine Erbauer auch bezweckt.

Brüder, das lohn ihm dort der liebe Vatter wieder. Den 4. Juli 1843.“

Die Katastrophe von Balingen 1895

Nicht nur die großen Flüsse führen gelegentlich Hochwasser: Die Eyach hat Anfang Juni 1895 der Stadt Balingen und dem ganzen Bezirk ein verheerendes Unglück beschert. Zahlreiche Häuser wurden mitgerissen, 41 Menschen kamen um, die Behebung der Schäden kostete 14 Millionen Mark. Zum Dank für die Hilfe, die der Bezirk Balingen von der königlichen Staatsregierung und „ungezählten Menschenfreunden“ erhielt, und zur Erinnerung an das

Das Balinger Denkmal erinnert an die Verheerungen, die Stadt und Region bei der Katastrophe von 1895 erlitten.

Geschehen baute man in Balingen (Zollernalbkreis) an der Eyachbrücke dieses obeliskartige Denkmal aus Fichtelgebirgs-Granit.

Vom eigenen Fuhrwerk überfahren

An tragische Verkehrsunfälle erinnern heute oft Holzkreuze. Hin und wieder findet man ältere Denksteine wie diesen an der Straße von Talheim nach Öfingen (Bad Dürrheim, Schwarzwald-Baar-Kreis): „Denkmal für Elias Pfister, Bauer von Trossingen, geboren den 21. März 1821; starb zu früh für die

Seinen hier den 1. August 1866, indem er das Unglück hatte, von seinem eigenen Fuhrwerk überfahren zu werden."

Kaisersteine

Heerschau auf dem Langen Feld

Im Herbst, wenn die Felder abgeerntet sind und sich der mögliche Flurschaden also in Grenzen hält, finden traditionell die großen Heeresmanöver statt. Dann üben die Generäle das Kriegführen im Gelände. Das Herbstmanöver 1885 war ein besonderes. Der deutsche Kaiser, der greise Wilhelm I. von Preußen, hatte sich angesagt. Seit der Reichsgründung war er nominell der Oberbefehlshaber des Königlich Württembergischen Armeekorps, das unter den 18 deutschen Armeekorps als XIII. geführt wurde. Ein Armeekorps ist in Friedenszeiten die größte Gefechtseinheit des Heeres. Nach 1876 geruhte Wilhelm I. nun zum zweiten Male, „seine" württembergischen Truppen zu inspizieren. An dieses Ereignis erinnert der Kaiserstein östlich der Bundesstraße 10 vor Schwieberdingen.

Das Kaisermanöver, wie es genannt wurde, war nicht nur ein militärisches, sondern auch ein gesellschaftliches Ereignis. Ganz Stuttgart stand Kopf. Die Königsfamilie war von ihrem Sommersitz in Friedrichshafen angereist. Flaggenschmuck und Ehrenjungfern, Fackelzug und Zapfenstreich, Feuer-

Der Mahnung aller Fuhrwerklenker sollte dieser Stein dienen, der Autofahrer aber braust heute daran vorbei.

Der Kaiserstein auf dem Feldherrnhügel bei Korntal-Münchingen (Landkreis Ludwigsburg). Eine eherne Tafel auf dem monolithischen Denkmal erinnert an die „letzte Heerschau" von Kaiser Wilhelm I. am 23. September 1885.

werk und Paraden, Konzerte und Umzüge, Empfänge und Festspiele wurden dem erlauchten Oberhaupt des Deutschen Reiches geboten, als es am 18. September im Salonwagen am Stuttgarter Bahnhof ankam.

Das Herbstmanöver hatte natürlich schon vorher begonnen. Die beiden Divisionen des Armeekorps übten zunächst getrennt. Im Gäu bei Herrenberg operierte die 27. Division (die

zweite Königlich Württembergische). Die 26. Division (erste Königlich Württembergische) versuchte im Raum Bönnigheim – Löchgau – Bietigheim einen überlegenen Gegner, der von Norden kam, nach Süden ausweichend aufzuhalten. Insgesamt waren rund 40 000 Mann im Manöver, das am 23. September zu Ende ging. Die angenommene Gefechtslage: Der „Feind" hatte sich bei Münchingen festgesetzt und nordöstlich des Orts seine Streitmacht massiert. In der Linie Ditzingen – Hirschlanden – Schöckingen – Hemmingen überschritten am 22. September die vereinten Württemberger die Glems und griffen von Westen her an. Die Artillerie, vom Lotterberg bis zum Strohberg in Stellung gebracht, bereitete am 23. September um 10 Uhr mit ihrem Feuer den Angriff vor.

Auf der Anhöhe „Knöbel", östlich der alten Römerstraße von Kallenberg nach Schwieberdingen, hatten sich schon frühzeitig „Freunde des Kriegswesens", wie ein Chronist die zivilen Zuschauer nannte, eingenistet. Von diesem Feldherrnhügel aus hat man einen kilometerweiten Ausblick ringsum und besonders auf das flache, baumlose Lange Feld, wo sich die „Entscheidungsschlacht" abspielen sollte. Durch eine Panne hatten Landjäger diesen Aussichtspunkt, von wo aus die offiziellen Manöverbeobachter, darunter auch viele Offiziere vom (Großherzoglich Badischen) XIV. Armeekorps sowie der Kaiser das Ende des Manövers miterleben wollten, nicht rechtzeitig abgesperrt. So wurde der fast neunzigjährige Monarch, als er bei Kaiserwetter mit dem Wagen eintraf, von den Schaulustigen vielstimmig mit Hochrufen begrüßt.

Der „Feind" auf dem Langen Feld wurde von Westen durch Feldartillerie und Infanterie angegriffen. Von Südosten attackierte die Kavallerie, die vom Witthau und Emerholz bei Stammheim vorpreschte. Der ausgetrocknete Lössboden verhinderte freilich, dass der Monarch das Militärspektakel gebührend betrachten konnte. Denn die Pferde der schneidig ansprengenden Ulanen und Dragoner wirbelten große gelb-

graue Staubwolken auf, aus denen nur hin und wieder einmal ein blanker Säbel im Sonnenlicht aufblitzte. Pünktlich um 12 Uhr brachen seine Majestät der Kaiser den Kampf ab. Er ließ sich nach Stuttgart fahren, von wo er in seinem Salonwagen um 16 Uhr wieder gen Norden dampfte. Es war das letzte Mal, dass Wilhelm I. Stuttgart besucht hatte.

Zuvor noch hatte er in einem Kabinettschreiben an den Kommandierenden General des XIII. Armeekorps, den General der Infanterie von Schachtmeyer, sein Lob und seine volle Zufriedenheit über den Ausbildungsstand und die Leistungen der württembergischen Truppen ausgedrückt.

Das wollte durchaus etwas heißen, wenn die gerne überheblichen preußischen Militärs mit nichtpreußischen Truppen zufrieden waren. Auch württembergische Reserve- und Landwehroffiziere, die eigens fürs Kaisermanöver eingerückt waren, fanden die Übung „besonders schön und lehrreich", denn mit dem neuen Mausergewehr aus Oberndorf waren schnellere Schussfolgen und größere Schussweiten zu erzielen, was zu taktischen Änderungen zwang.

Für die umliegenden Gemeinden, wo die Soldaten in Zelten biwakierten oder in Scheuern (die Offiziere natürlich im Bauernhaus) untergebracht waren, gingen nun „die Freuden und Leiden der Einquartierung zu Ende", wie ein Chronist vermerkte. Mit Blick auf die strammen Kerle und die feschen Offiziere fügte er hinzu, dass „das schöne Geschlecht den verflossenen Manövertagen noch lange ein liebes Andenken bewahren" werde. Die Bataillone und Eskadronen rückten ab, zurück in ihre

Garnisonen, teils in Märschen (nach Tübingen), teils mit Sonderzügen vom Bahnhof Zuffenhausen aus nach Gmünd, Ulm und Weingarten.

Die Gemeinden Schwieberdingen, Möglingen und Zuffenhausen ließen zum Jahrestag 1886 gemeinsam einen Gedenkstein auf dem Knöbel errichten. Münchingen, zu dessen Gemarkung der Knöbel gehört, steuerte wohl das Grundstück bei.

Hemmingen will nicht zurückstehen

Auch die Gemeinde Hemmingen (Landkreis Ludwigsburg) hat zur Erinnerung an das denkwürdige Ereignis, als der Kaiser Heerschau hielt, auf der Höhe 346 südlich vom Ort einen Kaiserstein gesetzt. Ein in den Stein gehauenes Medaillon zeugt heute noch vom Be-

Mit seinem eigenen Kaiserstein hat Hemmingen nicht hinter den Nachbarn zurückstehen wollen.

such Kaiser Wilhelms I. am 22. September 1885 anlässlich des großen Herbstmanövers. Auf der gegenüberliegenden Seite befand sich einst ein Kaiserportrait. Dieses fehlt heute ebenso wie der eherne Reichsadler auf der Spitze des Denkmals. Der Entwurf des 1889 aufgestellten Kaisersteins stammt von Axel von Varnbühler.

Die Geislinger Steige
Meisterleistung der Ingenieurskunst

Wer mit der Bahn von Stuttgart nach Ulm unterwegs ist, „erfährt" hinter Geislingen ein Stück Technikgeschichte. Der Zug klettert die Geislinger Steige vom Filstal zur Albhochfläche hinauf und überwindet dabei zwischen den Bahnhöfen Geislingen und Amstetten auf einer Strecke von 5,6 Kilometern einen Höhenunterschied von 112 Metern. Es ist eine der steilsten nicht mit Zahnradantrieb befahrenen Bahnstrecken in Deutschland. Der Albaufstieg auf der Direttissima durchs Rohrbachtal zwischen den bewaldeten Jurafelsen und der Bundesstraße 10 gilt noch heute als eine Meisterleistung der Ingenieurskunst.

Als um die Mitte des 19. Jahrhunderts in Deutschland das Eisenbahnwesen aufkam, hat man in Württemberg aus wirtschaftlichen und politischen Gründen die größten Städte des Landes, Heilbronn, Stuttgart und Ulm, mit-

Eine bronzene Büste Knolls bekrönt die Anlage mit Springbrunnen und Zierteich. Um die Unterhaltung kümmert sich nicht etwa die Bahn, sondern die Stadt Geislingen. (Landkreis Göppingen)

einander verbinden und die Strecke dann bis an den Bodensee (nach Friedrichshafen) verlängern wollen. Am 18. April 1843 fasste der Landtag in Stuttgart ein Gesetz zum Bau der Schwäb'schen Eisenbahnen, die sogar Gegenstand eines populären Liedes geworden sind.

Für die Verbindung vom Neckar an die Donau bot sich als Trasse die alte Reichsstraße an, die den Rhein mit dem Mittelmeer verbindet. Doch Experten warnten. Die Überwindung der Barriere Schwäbische Alb im Zuge der Geislinger Steige sei für Eisenbahnen technisch nicht machbar.

Steigungen von mehr als einem Prozent und Kurvenradien unter 500 Meter schafften die Dampflokomotiven damals nicht. Zur Abhilfe wurde angeregt, die Züge von 20 Pferdegespannen

oder auf einer Rampe von einer fest installierten Dampfmaschine per Seilzug auf die Albhochfläche ziehen zu lassen.

Ebenso wie heute, da es um eine neue Trasse für den ICE geht, wurde auch damals vorgeschlagen, das Steilstück zu umgehen und die Bahn über das Remstal und das Brenztal (oder das Ries) an die Donau zu führen. Und ebenso wie heute wurde dieser Plan auch damals verworfen. Karl von Etzel, der Sohn des Erbauers der Stuttgarter Neuen Weinsteige, und zwei andere Ingenieure, Michael Knoll aus Geislingen und der Böhme Ludwig Klein, die in Österreich Erfahrungen mit dem Eisenbahnwesen gesammelt hatten, setzten auf die Geislinger Trasse, weil sie kürzer, schneller und vor allem viel billiger sei als alles andere.

Für die Planung der Eisenbahnstrecke war Oberbaurat Etzel verantwortlich, für die Bauausführung im Abschnitt Esslingen – Ulm und damit für die schwierige Geislinger Steige Oberbaurat Knoll, dem dabei Bauinspektor Pressel half. Mit dem Bau wurde 1847 begonnen. Im Herbst des gleichen Jahres war Süßen, am 14. Juni 1849 Geislingen erreicht. Am 29. Juni 1850 dampfte der erste Zug der Königlich Württembergischen Staatseisenbahnen in 20 Minuten die Steige nach Amstetten hinauf und dann weiter bis Ulm. Mit wachsendem Verkehrsaufkommen kam 1862 das zweite Gleis dazu.

Michael Knoll (1805 – 1852) hatte bei seinem Vater, dem Geislinger Stadtschultheißen Johann Friedrich Knoll, als Messgehilfe begonnen. Vater Knoll war Beindrechsler und Feldmesser. Als 1818 mit der Landesvermessung begonnen wurde – das ganze Königreich ist im Maßstab 1:2500 für den Urkataster erfasst worden –, bekam Knoll in den Folgejahren so viel als Feldmesser und Kartograph zu tun, dass er das Schultheißenamt, in das er 1819 gewählt worden war, aufgeben musste.

Sein Sohn Michael war 1823 nach Stuttgart in die Bauschule des Straßenbaumeisters Karl Etzel gegangen. Unter Etzels Vater Eberhard baute er an der Neuen Weinsteige in Stuttgart, wurde 1830 Straßenbauinspektor in Stuttgart und 1835 Regierungsbaurat für den Donaukreis in Ulm. Knolls Karriere ging weiter steil aufwärts. 1841 war er verantwortlich für alle Staatsstraßen im Königreich. Drei Jahre später führte er den Titel Oberbaurat und war Mitglied der Eisenbahnkommission. Klar, dass er auch beim Bau der Ostbahn von Stuttgart nach Ulm beteiligt war. Nach mehreren Schlaganfällen starb Knoll mit nur 47 Jahren auf den Tag genau zwei Jahre nachdem die erste Bahn die von ihm gebaute Steige hinaufgefahren war. Für die extreme Steigung 1:45 (ein Höhenmeter auf 45

Meter Strecke) hatte Emil Kesslers neu gegründete Esslinger Maschinenfabrik eigens Deutschlands erste Berglokomotive entwickelt. Die 25 Tonnen schwere Lok der „Alb"-Serie, so garantierte Kessler, werde 1000 Tonnen mit mindestens drei Kilometer in der Stunde die Steigung hinauf „ohne Anstand fortschaffen" können. Nach dem harten Geislinger Praxistest verkauften sich Kesslers Maschinen gut in Österreich und der Schweiz.

Später, als die Züge länger wurden, benötigten sie für den Albaufstieg als Verstärkung eine zweite ziehende oder schiebende Lokomotive. So entwickelte sich der Geislinger Westbahnhof zum Schubbahnhof, wo die Lokomotiven für die Bergfahrt bereitstanden. Von Amstetten kehrten sie nach getaner Schiebe-Arbeit dann in Leerfahrt wieder zurück. Heute benötigen die meisten (Personen-)Züge keine Schublokomotive mehr.

Knolls Bahnbau löste aber nicht nur Zustimmung und Begeisterung aus. Die für den Streckenbau ins Land geholten

Angeblich auf halbem Wege zwischen Paris und Wien steht das Denkmal des Erbauers des „Eisenbahn-Alb-Übergangs", wie es auf der Gedenktafel steht, also der Geislinger Steige. (Landkreis Göppingen)

Bei Kilometer 65,2 ist in gotischer Schrift in den Fels gemeißelt: „Oberingenieur Michael Knoll". Vom Zugfenster aus ist der Schriftzug im Vorbeifahren zu lesen.

4000 italienischen Gastarbeiter sorgten in dem damals 3000 Einwohner zählenden Geislingen für Unruhe. Es kam zu Ausschreitungen. Als die Eisenbahn dann regelmäßig fuhr, hatten die Geislinger Wirte, Handwerker und Fuhrleute das Nachsehen. Die Reisenden machten nicht mehr hier Station, sondern fuhren mit dem Zug weiter. Reparaturen fielen nicht mehr an. Und wer benötigte nun noch ein Fuhrwerk?

Und auch innerhalb Geislingens brachte der Bahnbau gewaltige Veränderungen mit sich. Der Schwerpunkt des Orts verlagerte sich jetzt in die Bahnhofsnähe, aus der historischen Innenstadt heraus.

Geislingen wuchs nun kräftig, wohingegen es bis 1850 Einwohner verloren hatte. Im Umland, im Oberamt Geislingen, klagte man über Landflucht. Viele drängte es in die aufstrebende Eisenbahn- und Industriestadt. Denn mit dem Bahnbau boomte auch das Geschäftsleben in Geislingen. Daniel Straub von der Unteren Steigmühle

zum Beispiel, der Sohn des Schimmelmüllers (der so hieß, weil er ein Paar Schimmel besaß), hatte auf Anraten Knolls als Bauunternehmer, Fuhrunternehmer und Ersatzteillieferant beim Bahnbau kräftig mitverdient. Knolls Mutter war eine geborene Straub gewesen. Mit dem Gewinn von 30 000 Gulden gründete Straub 1850 die Maschinenfabrik Geislingen (MAG), Jahre später auch die Württembergische Metallwarenfabrik (WMF). Der Bahnbau leitete die Industrialisierung Geislingens und des Filstals ein.

Für seine technische Meisterleistung ist Knoll 1860 beim Geislinger Bahnhof ein Denkmal gesetzt worden. Als 1904 die Nebenbahn nach Wiesensteig gebaut wurde, musste das Knoll-Denkmal weichen.

Die Bronzebüste Knolls erhielt dann ihren Platz auf dem Rondell des schon 1850 angelegten Springbrunnens an der Steige. Bei Kilometer 64,2 von Stuttgart aus weichen die bewaldeten Berghänge zurück und lassen neben den Gleisen eine Nische frei, wo eine blumengeschmückte Anlage mit Zierteich von der bronzenen Büste Knolls überragt wird. Es soll genau die Mitte der Strecke Paris – Wien sein.

Zeppelindenkmal
Luftschiffer notgelandet

Glück im Unglück hat der Luftschifferbauer Graf Zeppelin im Winter 1906 gehabt. Er unternahm damals die erste tatsächliche Fahrt mit seinem Zeppelin LZ 2. Sie endete rasch und ungeplant mit einer Premiere: Der ersten Landung eines Zeppelins auf festem Boden, am 17. Januar 1906 bei Kißlegg-Fischreute im Allgäu. Gestartet war man, wie üblich, in Manzell am Bodensee. Doch schon bald geriet das

Luftschiff im Sturm in Schräglagen, denn ihm fehlten damals noch Stabilisatoren. Die Daimler-Benz-Motoren, für Fahrzeuge auf dem Boden gebaut und an solche Schräglagen, wie sie in der Luft möglich sind, nicht gewöhnt, versagten beide ihren Dienst. Der LZ 2 trieb wie ein Freiballon vor dem Wind, oder besser gesagt Sturm, über das Allgäu.

Als es Abend wurde und man ohne Motorkraft nicht mehr an den Bodensee zurückkehren konnte, mussten die kühnen Luftschiffer eine Landung auf dem freien Feld versuchen. Die klappte. Doch in der Nacht hat der Sturm den mit Seilen verankerten Zeppelin stark beschädigt.

An die erste Landung auf festem Boden – die also eine Notlandung war – erinnert das Zeppelindenkmal bei Kißlegg, das aus großen vermörtelten

Das leuchtend weiße „Z" des Zeppelindenkmals bei Kißlegg (Landkreis Ravensburg) ist schon von weitem sichtbar.

Feldsteinen gebaut ist. Weithin sichtbar ist auf beiden Seiten ein etwa zwei Meter hohes „Z" (für Zeppelin) aus Zement angebracht. Die Inschrift, in ein symbolisiertes Luftschiff eingeschrieben, hält die denkwürdige Begebenheit fest: „Hier landete am 17. Jan. 1906 in Sturm und Not der / Bezwinger der Lüfte Graf ZEPPELIN". Als Entwerfer des Zeppelindenkmals wird der Künstler Dittus, als Ausführender Th. Mente genannt. Errichtet wurde das Denkmal vor rund 80 Jahren, 1918.

Demmler-Denkmal am „Schatten"
Vaterliebe in Stein gemeißelt

Der Spaziergänger findet beim Stuttgarter Schatten am Waldesrand oberhalb der Magstadter Straße ein viereinhalb Meter hohes steinernes Denkmal mit pyramidenförmiger Spitze, dessen Inschrift schon ziemlich verwittert ist. Wer sich bemüht, die zum Teil lateinischen Wörter zu entziffern, erfährt eine traurige Geschichte. „Überall ist der Tod und das Leben überall" steht dort in Latein: Am 10. Juni 1621 ist an der Diebssteige Veit Demmler in den Armen seines Vaters aus dem Leben geschieden – gerade 13 Jahre und fünf Monate alt. Der Jüngling im blühenden Alter ist wohl am steilen Anstieg gen Calw vom Wagen gefallen und tödlich verunglückt.

Veit, der Sohn von Christoph Demmler und Margaretha (geborene) Schill, war auf der Rückreise von einer Messe in Nördlingen, wohin ihn sein Vater mitgenommen hatte, damit er frühzeitig Erfahrungen im Tuchhandel sammle. In Nördlingen hatte Christoph Demmler, ein reicher Calwer Tuchmacher und Färber, seine Waren verkauft und neue Kunden gesucht. Denn die Zeiten wurden härter.

Vor kurzem erst hatte der Glaubensstreit in einen Krieg zwischen den katholischen Kaiserlichen und den protestantischen Uniierten gemündet, den die Geschichtsschreiber später den Dreißigjährigen Krieg nannten, und der halb Deutschland an den Rand des Ruins brachte. In Württemberg regierte damals Herzog Johann Friedrich, kein starker Herrscher, der gerade von den Uniierten ins kaiserliche Lager umgeschwenkt war, weil er glaubte, so seinem Land besser Ungemach ersparen zu können.

Die notorische Finanznot des Herzogs, die Durchzüge von Kriegerscharen beider Lager mussten auch das Handels- und Produktionszentrum Württembergs in Calw treffen. Dort saßen weit über 150 Tuch- und Zeugmacher, also Stoffhersteller, deren Produkte über das Land, ja über Deutschland hinaus bekannt und gefragt waren. Besonders in Italien, und dort bei der Geistlichkeit, wurden die feinen und glatten Tuche aus Calw hochgeschätzt. Die Wolle kam überwiegend von Schafen aus dem Schlehen- und Heckengäu westlich von Stuttgart.

Die Calwer Zeugmacherei stand damals in voller Blüte. Die Geschäfte liefen so gut, dass man sich spezialisierte, in die eigentlichen Zeugmacher, also die Weber, die das Grundprodukt herstellten, und in die Färber und Tuchhändler, die die Ware modisch färbten, veredelten und für den Absatz sorgten. Die engen Geschäftsbeziehungen zwischen beiden führten schließlich zu Exklusivverträgen. Die Tuchweber durften ihre Tuche dann nur noch an bestimmte Färber und Händler, die so genannten Verleger, verkaufen. Diese Verleger schlossen sich 1622 zur „Gesellschaft der Gesamten Färber und Handelsgenossen zu Calw" zusammen. Die Gesellschaft war eine Art Vorläufer der 1650 gegründeten Calwer Zeughandelscompagnie.

Der Zentraleinkauf von Rohstoffen, Wolle und Färbemitteln, und der gemeinsame Vertrieb der Tuche brachte

wirtschaftliche Vorteile. Der Fernhandel mit dem benachbarten Ausland – die Calwer beschickten unter anderen die Messen in Bozen, Basel und Straßburg, in Frankfurt, Nürnberg und Leipzig – ermöglichte trotz des mit dem Reisen verbundenen Risikos gute Umsätze und Gewinne. Die Calwer Compagnie war unbestritten das kapitalkräftigste Unternehmen im Herzogtum Württemberg. Sie genoss weltweit einen guten Ruf und im Lande selbst die Wertschätzung des Herzogs, der ihr Privilegien verlieh. Der Landesherr, der notorisch in Geldnöten war, zog selbst Nutzen daraus. Denn die Calwer tätigten auch Geldgeschäfte – richtige Banken gab es damals in Württemberg noch nicht. Der Name des späteren Bankhauses Dörtenbach ist in diesem Zusammenhang zu nennen. Die Dörtenbachs waren eine der etwa ein Dutzend führenden Calwer Familien, die eng kooperierten und die Geschäfte in der Hand hatten. Neben Demmler sind noch Schill, Wagner und Zahn als wohlhabende Mitgliederfamilien der Calwer Compagnie bekannt.

„Auf gnedige Bewilligung" des Landesherrn hat Christoph Demmler, „Bürger zu Calw", wie er sich zugleich bescheiden und stolz nannte, im Jahr nach dem tödlichen Unfall „dise Pyramiden seinem lieben Sohn zu guotem Andenken hiehere setzen lassen". Die „gnedige Bewilligung" hat ihn 200 Gulden gekostet, eine wahrhaft stattliche Summe, die er dem Stuttgarter Armen-

Der Sanierung dringend bedürftig ist das im Stil der Spätrenaissance errichtete Demmler-Denkmal im Schattengrund bei Stuttgart.

kasten (Institution für die Armenpflege) stiftete. So ist es auf der umlaufenden Inschrift des Denkmals zu lesen. Von den Baukosten für das Denkmal ist nicht die Rede. Auch der Künstler ist nicht bekannt. Eine Abkürzung „J. M. v. ST." wird als Jörg Müller von Stuttgart gelesen, ein bekannter Bildhauer, doch ist diese Lesung umstritten.

Das Denkmal im Stil der Spätrenaissance, ein Postament mit Fries auf einem Sockel, darüber, auf allen vier Seiten, ein Engelskopf zwischen zwei Voluten, endet oben in einem schlanken Obelisken. Die vier Seiten tragen jeweils Inschriften, deutsche und lateinische. Die lateinischen Texte werden dem Stuttgarter Konrektor und späteren Calwer Präzeptor Christoph Luz zugeschrieben, die deutschen sind Psalmen. Der betont christliche Aspekt der Inschriften darf nicht verwundern. Christentum und geschäftlicher Erfolg schließen sich nicht notwendig aus – und schon gar nicht in Calw.

Das rührende Denkmal der Vaterliebe steht übrigens nicht mehr an der alten Stelle. Nachdem Herzog Karl Eu-

gen 1774 die Chaussee von Stuttgart über Magstadt nach Calw hatte bauen lassen, wurde der imposante Gedenkstein versetzt. Von der Straße aus ist er heute kaum noch zu sehen. 1910 ist das verwitterte Demmler-Denkmal restauriert worden. Finanziert hat dies damals das 1621 gegründete Calwer Färberstift. Heute, 90 Jahre danach, wäre eine neuerliche Sanierung dringend erforderlich. Die Inschriften sind kaum mehr lesbar, der Sandstein verwittert und blättert ab.

Der Denkstein für den toten Buben aus Calw, an dem sich ein interessantes Stück württembergischer Wirtschaftsgeschichte festmachen lässt, ist in Vergessenheit geraten. Nur nicht bei denen, die überall ihre Initialen und Botschaften anbringen müssen. Die Mahnung, die vor bald 400 Jahren vorausschauend, aber in Latein und damit nur für kultivierte Geister auf der Ostseite angebracht wurde: „Und beschädige nie für alle Zeiten / diese Säule, als Todesmal errichtet", verstehen sie nicht. Sie verstehen wohl nur das barsche „Beschriften verboten!"

Rechts: Ein Kleindenkmalfreund stellvertretend für viele andere: Werner Haas, Mosbach, ein ganz Eifriger (gest. 1998), am Radschuhstein an der Reichenbucher Steige in Mosbach (1996).

KLEINDENKMALE
FINDEN UND SCHÜTZEN
Die Aktion

Die „Schubladen privaten Wissens" aufziehen

Mit offenen Augen an Wegen und Straßen Kleindenkmale zu finden und sie anzusehen, ist eine Sache. Sich aktiv für ihren Schutz einzusetzen, eine andere. Mehrfach ist in diesem Buch vom Abhandenkommen von Kleindenkmalen, von ihrer mutwilligen Zerstörung oder gedankenlosen Beschädigung die Rede gewesen. Schützen kann man nur, was man genau kennt. Weil es bisher noch keine Übersicht über den Bestand an Kleindenkmalen in Baden-Württemberg gibt, hat der Schwäbische Heimatbund eine Aktion ins Leben gerufen. Die Absicht ist, die „Schubladen privaten Wissens" aufzuziehen und zusammen mit anderen Heimat- und Wandervereinen eine umfassende Dokumentation der Kleindenkmale durchzuführen.

Jegliche Mithilfe durch weitere Gruppierungen oder Einzelpersonen ist dabei erwünscht. Eine Vereinszugehörigkeit ist nicht erforderlich, auch sonst entstehen keinerlei Bindungen und Verpflichtungen. Die enge Zusammenarbeit mit dem Landesdenkmalamt Baden-Württemberg ist über die Organisatoren gewährleistet. Die Dokumentation wird umso lückenloser und vollständiger, je dichter das Netz an ehrenamtlichen Mitarbeitern ist und je engagierter einzelne Personen mitarbeiten.

Wie andere Leute Briefmarken sammeln, sammeln Kleindenkmalfreunde Kleindenkmale – nicht in Wirklichkeit natürlich, sondern mit dem Fotoapparat oder einfach durch öfteres Vorbeischauen. Beim Anschauen allein sollte man es allerdings nicht bewenden lassen. Bevor Kleindenkmale in Vergessenheit geraten und untergehen, sollten die für das Grundstück, den Weg oder die Straße Verantwortlichen, das Bürgermeisteramt, das Landesdenkmalamt oder die Gesellschaft zur Erhaltung und Erforschung der Kleindenkmale darauf aufmerksam gemacht werden. Wer es schafft, durch Eigeninitiative dafür zu sorgen, dass ein umgesunkener oder abgebrochener Stundenstein wieder aufgerichtet und fachkundig restauriert wird, der darf sich rühmen, für die Kulturlandschaft unserer Heimat einen nicht unerheblichen Beitrag geleistet zu haben!

Bestimmungen zum Schutz von Kleindenkmalen

Den Behörden des Landes Baden-Württemberg und vor allem den Gemeinden kommt eine besondere Verantwortung bei der Erhaltung von Kultur- und Kleindenkmalen zu: „Flurzeichen, Feldkreuze, historische Grenzsteine, Wegtafeln, Bildstöcke etc., an deren Erhaltung aus wissenschaftlichen, künstlerischen oder heimatgeschichtlichen Gründen ein öffentliches Interesse besteht, sind Kulturdenkmale im Sinne des Denkmalschutzgesetzes, dessen Schutz sie genießen." Es ist Aufgabe des Landes und, im Rahmen ihrer Leistungsfähigkeit, auch der Gemeinden, die Kulturdenkmale zu schützen und zu pflegen, ihren Zustand zu überwachen und auf die Abwehr von

DOKUMENTATION VON KLEINDENKMALEN

Machen Sie mit!

Wer bei der Dokumentation von Kleindenkmalen gerne mitmachen möchte, möge sich bitte an den Schwäbischen Heimatbund in Stuttgart wenden. Dort kann man Näheres erfahren, bekommt Ansprechpartner genannt und erhält auch eine schriftliche Anleitung samt Erhebungsbogen. Am besten also eine Postkarte schicken und anfragen!

Einige wichtige Adressen in diesem Zusammenhang:

Landesdenkmalamt
Baden-Württemberg
Mörikestraße 12
70178 Stuttgart

Schwäbischer Heimatbund
Geschäftsstelle
Weberstraße 2
70182 Stuttgart

Gesellschaft zur Erhaltung und Erforschung der Kleindenkmale in Baden-Württemberg e.V. (GEEK)
Postfach 1160
76698 Ubstadt-Weiher

Lange hätte es wohl nicht mehr gedauert, dann wäre dieser Feldhüterunterstand eingefallen – der Verband der Gewölbesteine löste sich bereits (Aufnahme 1990). Einer privaten Initiative aus Zaisenhausen (Landkreis Karlsruhe) ist es zu verdanken, dass der Unterstand im Gewann Breidingerbruch renoviert worden ist. Die Fertigstellung wurde mit einem Richtfest gefeiert. (Aufnahme 1991)

Gefährdungen und erforderlichenfalls auf die Bergung hinzuwirken. Die Denkmalschutzbehörden können Anordnungen zur Sicherung von Denkmalen treffen, Handlungen untersagen, die ein Denkmal in seiner Originalsubstanz gefährden oder beschädigen könnten, die Genehmigung zum Beispiel zur Entfernung von Kleindenkmalen vom Aufstellungsort versagen, Auflagen erteilen und Verstöße ahnden (Denkmalschutzgesetz Baden-Württemberg vom 25. Mai 1971).

Zur Erhaltung von Gemeindegrenzsteinen sind besondere Vorschriften eingeführt worden: Verliert ein alter Gemeindegrenzstein seine Funktion, zum Beispiel, weil er bei Straßenbaumaßnahmen durch einen neuen Stein ersetzt wird, darf er nicht veräußert werden, sondern geht in das Eigentum derjenigen Gemeinde über, die ihn einst beschafft hat. Die Steine sollen erhalten und pfleglich behandelt sowie an einem sicheren anderen Ort aufgestellt oder aufbewahrt werden; bei anderweitiger Aufstellung soll nicht der Eindruck eines gültigen Grenzzeichens entstehen. Bei Gemeindevereinigungen und Eingemeindungen sind die bisherigen Gemeindegrenzsteine zu belassen. Das unbefugte Entfernen von Grenzzeichen ist strafbar (Verwaltungsvorschrift des Innenministeriums Baden-Württemberg über die Erhaltung von Gemeindegrenzsteinen vom 2. August 1983).

Die Landesforstverwaltung fühlt sich der Erhaltung von bekannten, aber auch noch nicht entdeckten und erforschten Kulturdenkmalen besonders verpflichtet: Grabhügel, Befestigungs- und Schanzenanlagen aus verschiedenen Epochen, alte Hohlwege, Hochäcker, Meilerstellen und Verhüttungsanlagen, alte Mark- und Grenzsteine, Steinkreuze usw. sollen geschützt und geschont werden, zum Beispiel bei Wegbauten, bei der Rodung von Wurzelstöcken, aber auch bei der forstlichen Bewirtschaftung des Waldes. Bedienstete der Forstverwaltung sollen verstärkt auf Kulturdenkmale achten, um rechtswidrige Handlungen, zum Beispiel Raubgrabungen, verhüten zu können; gegebenenfalls ist Anzeige zu erstatten. Erhaltungsmaßnahmen, zum Beispiel an Gedenksteinen, Steinkreuzen und Grenzsteinen, sind grundsätzlich mit den unteren Denkmalschutzbehörden abzustimmen (Erlass des Ministeriums für Ländlichen Raum, Landwirtschaft und Forsten Baden-Württemberg vom 12. Oktober 1987).

Bei Flurbereinigungsverfahren ist die Flurneuordnungsverwaltung aufgefordert, auf Kulturdenkmale besonders zu achten: Die Erhaltung und Pflege von Bau-, Boden- und Kulturdenkmalen und ihrer Umgebung sind in Flurneuordnungsverfahren nachhaltig zu unterstützen, ihre Unterschutzstellung und Überführung in das Eigentum geeigneter Träger ist anzustreben.

Wo notwendig, sollen ergänzende Maßnahmen durchgeführt werden. Bei Rebumlegungen sollen größere Steinriegel sowohl aus landschaftlichen als auch aus klimatischen und biologischen Gründen erhalten werden. Erhaltungswürdige Keltern oder Weinberghäuschen sind möglichst zu erhalten, alte Weinbergzeichen, Inschriften, Sühnekreuze und Ähnliches sind an geeigneten Stellen wieder auf-

zustellen, falls ihre Belassung nicht
möglich ist (Verwaltungsvorschrift des
Ministeriums für Ernährung, Landwirtschaft, Umwelt und Forsten Baden-
Württemberg über Maßnahmen des
Naturschutzes und der Landschafts-
pflege in der Flurbereinigung vom
30. Januar 1986).

Dank

Zahlreiche Freunde von Kleindenkmalen haben den Verfassern im Lauf der
Jahre Hinweise auf interessante Kleindenkmale gegeben und ihnen wertvolle
Hilfe bei deren Deutung geleistet –
ihnen allen sei dafür herzlich gedankt!

Gemeinderegister

Adelsheim (MOS) 102
Aglasterhausen (MOS) 77, 83
Aichhalden (RW) 104
Albbruck-Unteralpfen (WT) 130
Alfdorf (WN) 19
Alfdorf-Pfahlbronn (WN) 68, 117
Ammerbuch-Breitenholz
 (TÜ) 63, 91, 93
Aspach-Rietenau (WN) 36 f.
Asperg (LB) 22
Bad Dürrheim-Öfingen (VS) 158
Bad Krozingen (FR) 28
Bad Peterstal (OG) 80, 85, 136
Bad Urach (RT) 151
Balingen (BL) 157
Benningen a.N. (LB) 35, 140
Besigheim (LB) 54 f., 120, 122
Bissingen a. d. Teck (ES) 145 f.
Böblingen (BB) 52
Brackenheim (HN) 93
Braunsbach (SHA) 103
Buchen-Unterneudorf (MOS) 134
Donaueschingen (VS) 25
Dornstetten-Aach (FDS) 81
Ehingen a.d. Donau – Granheim
 (UL) 128
Emmingen-Liptingen – Emmingen
 (TUT) 155 f.
Engstingen-Kleinengstingen (RT) 28
Erligheim (LB) 13
Esslingen (ES) 32, 57, 89, 124
Fellbach (WN) 117
Filderstadt-Plattenhardt (ES) 111
Freudenstadt-Kniebis (FDS) 67
Freudenstadt-Zuflucht (FDS) 106
Frickenhausen (ES) 63
Furtwangen (VS) 23
Geislingen a. d. Steige (GP) 161 ff.
Gengenbach (OG) 100

Grafenau-Döffingen (BB) 149
Großrinderfeld-Gerchsheim (TBB) 105
Güglingen (HN) 48
Haßmersheim-Hochhausen (MOS) 11
Hausach (OG) 106
Heidelberg (HD) 33, 121
Hemmingen (LB) 161
Herrenberg (BB) 50, 107
Herrenberg-Kuppingen (BB) 109
Hüffenhardt (MOS) 17
Kernen-Stetten (WN) 59
Kirchberg a. d. Jagst (SHA) 75
Kirchberg a. d. Jagst – Lendsiedel
 (SHA) 76
Kißlegg-Fischreute (RV) 165
Kißlegg-Finken (RV) 9
Köngen (ES) 79
Königheim-Pülfringen (TBB) 132 f.
Königsfeld-Neuhausen (VS) 112
Korntal-Münchingen (LB) 159
Kraichtal-Gochsheim (KA) 93
Kraichtal-Menzingen (KA) 72, 108
Krautheim (KN) 47
Lauda-Königshofen – Königshofen
 (TBB) 135
Lautenbach (OG) 129
Lenningen-Brucken (ES) 117
Leonberg-Höfingen (BB) 84
Ludwigsburg (LB) 137
Marbach am Neckar (LB) 91
Mengen-Rulfingen (SIG) 129
Michelfeld (SHA) 13
Möglingen (LB) 82
Mosbach (MOS) 168 f.
Mundelsheim (LB) 60
Mundingen (UL) 114
Münsingen-Bremelau (RT) 88
Murrhardt (WN) 21
Neuenburg (FR) 99

Neunkirchen (MOS)   17
Niedernhall-Hermersberg (KN)   118
Nufringen (BB)   93
Nürtingen-Linsenhofen (ES)   61
Nürtingen-Raidwangen (ES)   85
Nürtingen-Oberensingen (ES)   86, 89
Oberkirch (OG)   123
Oberriexingen (LB)   63
Oberstenfeld-Gronau (LB)   11, 39
Oberstenfeld-Prevorst (LB)   87
Öhringen-Michelbach (KN)   66
Pfalzgrafenweiler (FDS)   81
Plüderhausen (WN)   102
Rosengarten-Sanzenbach (SHA)   69
Rottenburg (TÜ)   120
Rottenburg-Obernau (TÜ)   29
Rottenburg-Wendelsheim
    (TÜ)   111, 118, 128, 135
Rudersberg-Necklinsburg (WN)   91
Rudersberg-Steinenberg (WN)   65
Sachsenheim-Ochsenbach (LB)   56
Schiltach (OG)   123
Schiltach (RW)   34, 121
Schönberg (OG)   78
Schönbrunn-Haag (MOS)   17
Schöntal-Altdorf (KN)   124 f.
Schöntal-Marlach (KN)   15
Schöntal-Neuhof (KN)   10
Schopfloch (FDS)   95
Schwäbisch Hall (SHA)   113
Schwieberdingen (LB)   148
Schwörstadt-Nieder-
    schwörstadt (LÖ)   141
Spiegelberg (WN)   20
St. Georgen (VS)   23
St. Johann-Würtingen (RT)   88

Steinheim a.d. Murr –
    Kleinbottwar (LB)   62
Stühlingen-Mauchen (WT)   126
Stuttgart (S)   31, 43,
                                            98, 166 ff.
Stuttgart-Degerloch (S)   59
Stuttgart-Hedelfingen (S)   57
Stuttgart-Hofen (S)   34, 83
Tauberbischofsheim-
    Dienstadt (TBB)   77
Triberg (VS)   155
Triberg-Nußbach (VS)   112
Trossingen (TUT)   154
Tübingen-Bebenhausen (TÜ)   41, 83
Ubstadt-Weiher – Zeutern (KA)   73
Vaihingen a.d. Enz –
    Enzweihingen (LB)   92
Vaihingen a.d. Enz – Roßwag (LB)   97
Vellberg (SHA)   87
Veringenstadt (SIG)   146
Villingen-Schwenningen –
    Schwenningen (VS)   26
Vogt-Moser (RV)   110
Vogtsburg-Bickensohl (FR)   70
Waiblingen (WN)   141
Waldbrunn-Schöllbrunn (MOS)   157
Weil der Stadt (BB)   126, 138
Weil im Schönbuch (BB)   110
Werbach-Gamburg (TBB)   131
Wernau-Freitagshof (ES)   12
Wolfach (OG)   121
Wolpertshausen-Cröffelbach (SHA)   21
Wüstenrot-Maienfels (HN)   114
Wutöschingen-Degernau (WT)   142 f.
Zaisenhausen (KA)   171
Zwiefalten (RT)   127

Gefördert von der s̱Finanzgruppe Württemberg

Bildnachweis: Das Foto auf Seite 12 stammt von
Günter Nürk, Aichwald , das auf S. 73 von Ernst Frey,
Karlsruhe. Alle anderen Abbildungen stammen von den
Autoren.

Die Deutsche Bibliothek – CIP-Einheitsaufnahme

Ein Titeldatensatz für diese Publikation ist bei
Der Deutschen Bibliothek erhältlich.

Umschlaggestaltung: Anette Vogt, red.sign, Stuttgart,
unter Verwendung von Aufnahmen von Dieter Kapff
und Reinhard Wolf

© Konrad Theiss Verlag GmbH, Stuttgart 2000
Alle Rechte vorbehalten
Lektorat: Guido Huß, red.sign, Stuttgart
Gestaltung und Satz: red.sign, Stuttgart
Druck und Bindung: Druckerei Uhl, Radolfzell
ISBN 3-8062-1460-3